市政窨井病害研究

李清富　张保雷　郭蔚虹　田启超　著

黄河水利出版社
·郑州·

内 容 提 要

本书对市政窨井病害的形式、病害产生的原因与机理进行了详细的阐述,并从窨井的设计、施工和后期维护等方面提出了解决或防治窨井病害的综合措施。主要内容包括:市政窨井病害的常见形式、病害原因与机理;市政窨井设计方法与构造;市政窨井施工技术与施工质量控制;市政窨井技术状况评价与预测技术等。

本书可供从事城市道路设计、施工和养护管理的工程技术人员以及相关领域的研究人员学习参考。

图书在版编目(CIP)数据

市政窨井病害研究/李清富等著. —郑州:黄河水利出版社,2014.9

ISBN 978 -7 -5509 -0932 -8

Ⅰ.①市… Ⅱ.①李… Ⅲ.①城市道路 - 设计 ②城市道路 - 道路施工 Ⅳ.①U412.37 ②U415

中国版本图书馆 CIP 数据核字(2014)第 223010 号

组稿编辑:王路平 电话:0371 -66022212 E-mail:hhslwlp@126.com

出 版 社:黄河水利出版社

地址:河南省郑州市顺河路黄委会综合楼 14 层

邮政编码:450003

发行单位:黄河水利出版社

发行部电话:0371 -66026940、66020550、66028024、66022620(传真)

E-mail:hhslcbs@126.com

承印单位:河南地质彩色印刷厂

开本:890 mm×1 240 mm 1/32

印张:4.625

字数:140 千字 印数:1—1 500

版次:2014 年 9 月第 1 版 印次:2014 年 9 月第 1 次印刷

定价:15.00 元

前 言

随着我国城市化步伐的加快,城市市政基础设施特别是城市道路建设也迅速发展。与一般公路不同,城市道路除要满足日益增长的城市交通量外,还要承担“管线走廊”的重任,事关城市经济发展、市民生产和生活以及城市安全的多种管线往往依附于城市道路铺设。因此,为确保这些地下管网正常运行的各种窨井也遍布于城市的各条道路上。窨井虽然不是城市道路本身的重要设施,但对城市管渠系统的定期检查、清通和其他特殊检查及检修维护是必不可少的。长期以来,由于人们对市政窨井关注度不够,对窨井的设计、施工和维护等缺乏足够的重视,导致窨井及其周边路面产生沉陷、碎裂等病害,已严重影响到道路正常运营和市民交通安全,并成为道路迅速破坏的“源头”,再加上窨井数量众多、分布面广,政府每年不得不投入大量人力、物力用于窨井维修。因此,迫切需要对窨井的设计、施工和后期维护进行系统研究,以改善城市道路使用性能、延长城市道路使用寿命。

本书密切结合我国城市道路建设的实际,对市政窨井病害进行了较为系统的研究。全书共分六章,主要内容包括:在充分调研的基础上,系统归纳分析了市政窨井普遍存在的主要病害及其产生原因;对窨井各组成部分的受力性能进行了分析,提出了基于可靠度理论的市政窨井设计方法;对窨井施工工艺进行了优化研究,指出了市政窨井施工质量关键控制点,建立了基于工序能力的市政窨井施工质量动态控制模型;构建了市政窨井使用状况评价指标体系,详细讨论了各评价指标的调查和取值计算方法、评定等级划分标准等,并建立了市政窨井技术状况综合评价与预测模型,为市政窨井的养护维修提供了技术支持。

本书在编写过程中得到了郑州市市政工程管理处、郑州市科学技术局、郑州市城市管理局以及相关施工单位的大力支持和帮助,许多同志参与了本书的调研和实践工作。另外,本书在编写过程中还引用了大量的参考文献。在此,谨向为本书的完成提供支持和帮助的单位、所有研究人员和参考文献的原作者表示衷心感谢!

由于作者水平有限,书中难免存在不妥之处,敬请读者朋友批评指正。

作　者

2014 年 7 月

目 录

第1章 绪 论

1.1 研究的背景及意义

随着我国城市化步伐的加快,城市市政基础设施特别是城市道路建设也迅速发展。与一般公路不同,城市道路除要满足日益增长的城市交通量外,还要承担“管线走廊”的重任,事关城市经济发展、市民生产和生活以及城市安全的多种管线往往依附于城市道路修建。因此,为确保这些地下管网正常运行的各种窨井也遍布于城市的各条道路上。窨井虽然不是城市道路本身的重要设施,但对城市管渠系统的定期检查、清通和其他特殊检查是必不可少的。当然,窨井也有连接不同管道高程、坡度、方向和管径的作用。由于窨井数量众多,分布面广,不利于集中施工或者维修,因此施工和养护管理成本也相当可观。

长期以来,由于人们对道路窨井关注度不够,对窨井的设计、施工和维护缺少足够的重视,导致窨井及其周边路面产生沉陷、碎裂等严重病害,道路的平整性遭到严重破坏。不平整的路面对行车产生较大影响,比如车辆需提前减速,对道路交通的流畅性和安全性都产生较大影响;车辆颠簸,有的甚至造成跳车,严重影响行车的舒适性,同时也对车辆、窨井和路面造成冲击,损耗机车,加剧路面及窨井的破坏;雨水通过破坏的窨井及路面结构渗入路基,对路面基层和垫层的水稳定性造成破坏,从而进一步加剧路面破坏[1]。由此可见,窨井及其周边路面的破坏已严重影响到道路正常运营和市民交通安全,并成为道路迅速破坏的“源头”,政府每年不得不投入大量人力、物力用于窨井维修。

因此,开展城市道路窨井病害的系统研究,从设计、施工、选材和养护管理等方面提出解决或防治窨井病害的综合措施,延长窨井使用年限,降低维修和养护费用,不仅具有重要的理论意义,更具有重要的现实意义。

1.2 国内外研究现状与分析

城市的发展，对窨井的建设、维修和养护提出了更高的标准和要求，国内近十年来陆续开展了关于窨井设计、施工和养护等方面的研究。目前，国内对窨井的研究主要集中在对窨井破坏形式的分析和提出相应的防治措施上，对窨井破坏机理的研究相对来说较少，只有少数研究从深层次揭示了窨井周边土体、交通荷载和回填土对窨井沉降与碎裂的影响。

1.2.1 研究理论和方法

目前国内外并没有关于窨井的专门的研究理论，因此开展深层次研究主要是建立在借鉴其他相似的理论的基础上。现在主要借鉴的理论有桩纵向振动理论、管道纵向振动理论和土与结构相互作用理论[2]。

1.2.1.1 桩纵向振动理论

桩纵向振动理论是以弹性理论、荷载传递理论、剪切位移理论及有限元理论为基础的。

1. 弹性理论

H. G. Poulos 等在 20 世纪 60 年代初，首先将弹性理论应用到对桩的应力、变形和沉降的研究中，系统地分析了桩 - 土的性状，将地基土看作均质、连续、各向同性的线弹性半无限空间体，将实际问题进行简化，使其从数学的角度能够相对容易解决，再将模型不断地改进，使模型与现实更加接近。Butterfield 改进了桩端光滑、桩端阻力均布、忽略桩侧径向力等假设，考虑了不同径向距离处桩端阻力不一致的情况，并引入桩侧径向力，采用虚构应力函数的方法，直接对刚性桩求解。我国学者利用弹性理论也开展了不少研究。邹春华等摒弃了桩周各桩段所受的侧摩阻力为均匀分布这一假设，提出了桩侧各桩段的侧摩阻力为线性分布这一基本假定，根据桩 - 土界面位移协调条件，推导了相应的单桩理论计算公式。龚晓南基于不能承受拉应力材料的弹性理论解和Mindlin解,建立了拉压模量不同材料的弹性理论解,能够合理解决桩基沉降计算问题。

弹性理论的特点是考虑了土的连续性,能够进行比较精确的分析,并且可以用于群桩分析。其缺陷在于无法精确考虑层状地基和土的非线性性质的影响。

2. 荷载传递理论

荷载传递理论最初是由Seed、Reese根据旧金山淤泥的现场测试结果提出的。它是一种目前使用普遍的简化方法。这种方法将桩划分为多个弹性单元,各个单元依靠非线性弹簧与土体联系,从而模拟桩土之间的荷载传递关系。Kezdi以级数法对柔性桩进行了分析,对刚性桩,采用以指数函数作为传递函数的方法。佐藤悟提出了考虑多层地基和桩露出地面情况的线弹性全塑性传递函数。Vijayvergiya考虑到桩周土体在受荷过程中的非线性的情况,采用抛物线为传递函数。Gardner、Kraft分别提出了两种表达形式不同的双曲线形式的传递函数。潘时声依据工程地质报告中记录的桩侧土极限摩阻力和桩端土极限阻力提出了另一种双曲函数来模拟传递函数。陈龙珠采用双折线硬化模型,分析了桩土特性参数对荷载沉降曲线形状的影响。辛公锋提出了一个考虑桩侧土软化的三折线模型。荷载传递法的关键是建立真实反映桩-土界面摩阻力和剪切位移的传递函数。

3. 剪切位移理论

剪切位移法是Cooke在用水平测斜计量测摩擦桩周土体的竖向位移时发现一定半径范围内土体的径向位移分布呈漏斗状曲线的基础上,得出的一种假设,该假设认为沉降只与桩侧土的剪切变形有关。Rondolph将该方法扩展到可以考虑压缩性桩,并且可以得知轴向位移和荷载的分布情况。Kraft在Rondolph的研究基础上将单桩解推广到土体非线性情况。Chow将Kraft的解推广到群桩分析。王启铜将Rondolph的单桩解从均质地基推广到成层地基。宰金珉将此法推广到塑性阶段。剪切位移法可以将桩周土的位移变化场表现出来,较有限元法和弹性理论法简单。

4. 有限元理论

有限单元法是适应计算机应用而发展起来的一种比较新颖和有效的数值计算方法,Clough 等于 20 世纪 60 年代将有限元理论应用到土力学计算分析领域。Ellison 在分析硬结土钻孔灌注桩的荷载传递机理时,首次将接触单元应用到了桩侧和桩端。Cheung 分析单桩时引入了土体的弹塑性性质和土体的分层性质。陈雨孙、周红(1987)采用节理单元模拟桩土之间的滑移,对纯摩擦型的钻孔灌注桩进行了有限元分析。汪克让和荆勇(1992)对桩基进行了三维的弹塑性分析。沈伟跃和赵锡宏(1990)运用有限元耦合的方法对单桩进行弹性分析,得出了耦合方法能对非均质土中桩的性状作出较好的预测的结果。吴鸣和赵明华(2001)利用层状各向同性弹性半空间的地基模型,采用有限元 - 有限层法对大变形条件下桩 - 土共同工作性状进行了分析,开发出了相应的计算程序。

以上述几种方法为基础,国内外相关科研人员分别用频域和时域两种分析方法来分析桩的纵向振动问题,也有研究人员利用频域和时域两种分析方法来分析检查井的纵向振动问题。

1.2.1.2 管道纵向振动理论

目前还没有学者专门分析过动力作用下井的受力性状。但 20 世纪六七十年代以来,动力作用下的管道和软土地基中的管道受力问题就成为国内外很多学者的研究对象。

Newmark 早在 20 世纪 60 年代末就对地下管线进行了振动分析,但在其分析中忽略了惯性力的影响,而且假定管线与土体一起运动;R. A. Parmelee 等(1975)则首次将管线简化为半无限空间的圆柱壳,土与管线间采用静态 Mindlin 法求解,为以后的半无限空间相互耦合作用理论奠定了基础。

随着现代科技的不断发展,尤其是计算机技术在地下管线研究领域的广泛应用,有限元法、边界元法、离散元模型等在管道的受力计算和分析等方面发挥着越来越大的作用,为深入地了解管周土压力的分布、管土间的相互变形分析等提供了技术支持。

S. Takata 等(1987 ~ 1990)采用传递矩阵法对管线进行三维拟静态

分析,同时考虑接头的非线性和管土滑移,还采用壳模型和有限元法计算梁模型所不能涉及的管道环向应力和沿管周的土压力分布;张社荣等利用动态有限元法研究了沟埋式管与软土地基的动力相互作用。

1996年,Roitman等忽略海底管土相互作用,对管道受力进行小比例模型试验,确定海底平整度和管土摩擦力的不一致是管道应力剧变和大变形的主要因素,但是管土作用作为管道受力的一个重要方面,需要对其加以综合考虑;Chiou、Yaw. Jeng等对管道在压缩性软土上的力学性状进行数值模拟计算,探讨了管道直径与厚度的比例、下埋管道深度、初始缺陷、管土摩擦、土体地基等因素对管道受力的影响。

Magda,W对海底下埋管道上作用的波浪冲击力采用四节点等参元进行了有限元力学分析,并通过计算机程序进行了与实测数据的对比验证,得出数据与实际基本吻合,但是该模型为二维模型,而且忽略了管道的内部应力作用,并假设土体为线弹性应力应变体,与实际差别较大。

Dwivedi,J. E等经过对管道的非轴对称动力响应分析,得出冲液管道的动力反应数量级比空管的要高得多的结论,并比较了不同土体条件下和不同角度纵向波动力作用下的管道应力响应。

吕西林等实现了结构-软土地基动力相互作用体系的振动台试验,通过试验研究了动力相互作用体系的动力反应的主要规律,由于动力相互作用的影响,软土地基中相互作用体系的频率远小于刚性地基上不考虑结构与地基相互作用的结构频率。

徐志英等考虑土体的动力非线性特征,对地下结构与土体的相互作用进行了分析,但仅对土体的变形性质进行了相关的影响研究,没有涉及动力荷载的作用影响。

李昕等采用二维有限元方法对连续直埋管道在动力荷载作用下的响应进行了分析,管道周围土体采用等效线性黏弹性模型,为反映管土位移则在管单元和土单元之间加入无厚度的Goodman接触单元,利用威尔逊-θ法对管土系统进行动力时程反应分析,但是没有考虑土体的非线性动态特性。

1.2.1.3　土与结构相互作用理论

自20世纪30年代土与结构相互作用理论提出以来,此理论得到快速发展。而窨井在动力作用下的受力特性和土-桩相互作用有相似特点。本书主要从分析方法、分析模型以及相互作用的非线性来了解土与结构相互作用理论。

1. 分析方法

要考虑土与检查井相互作用,就不得不用到土与结构相互作用理论。土与结构相互作用的研究起源于1936年Eeissner关于弹性半空间表面刚性圆形基础振动问题的研究。20世纪40年代由Martel提出关于建筑物动力反应的土与结构相互作用效应。到了20世纪50年代,许多学者获得了圆形与矩形基础在应力边值条件下的平移、旋转和扭转、振动的瞬态和稳态解析解。20世纪60年代,Sandi,Lycan,Newmark,Monge,Rosenberg,Hashiba,Whitman等做了很多工作,如地基柔性的主要影响,改变了有效的基本周期及有效的阻尼。到20世纪70年代后期,经过对各种分析方法特点的探讨,土与结构相互作用的基本现象被广泛理解和应用。

1985年John wlf的《Dynamic Soil-Structure Interaction》一书出版,它第一个阐述了关于土与结构相互作用问题。这一阶段土与结构相互作用的研究迅猛发展,由线性到非线性,由一维分析发展到三维分析,主要表现有限差分法、有限元法、边界元法及无限元的应用。有限元法便于处理不规则的场问题,而边界元法对无限边界问题的处理则十分方便。无限元可用于模拟无边界的土体。O. C. Zienkiewicz等发展了综合两种方法的混合元法,使土与结构相互作用的求解范围进一步拓展。

土与结构相互作用分析方法包括频域分析和时域分析。在频域中可以较方便地考虑与频域有关的地基阻抗函数,将结构和地基分为两个子结构,分别研究其反应。用有限元或波的传播理论得到的透射边界,都是频域的函数。因此,大多数研究者都采用频域方法。但由于在频域中难以处理非线性问题,对时域分析方法的研究更为活跃,研究者提出了可用于时域分析的多种边界形式,如廖振鹏提出的透射边界、寂静边界,Smith 提出的叠加边界等。Doo-Kie Kim 和 Chung-bang Yun 在忽略材料阻尼的情况下,引入正的参数来考虑波的传播的螺旋式衰减,推导出时域的运动方程。Chung-bang Yun, Doo-Kie Kim, Jae. Min Kin 处理波的能量的耗散,是通过波形来考虑的,由于在原场的波形的几何尺寸逐渐变小,习惯用指数函数 $\exp(-\alpha\gamma)$ 来表示波形,以忽略材料的阻尼($0<\alpha\leqslant1$)。

2. 土与结构相互作用模型

土与结构相互作用模型有两种:一种是考虑土与结构相互作用下土的反应的模型,这种情况下真实土体应在计算简图中出现,土体本构关系常采用等价非线性黏弹模型。另一种是以分析结构反应为主的模型。

1)质-弹-阻模型

把结构基础系统看作是一个有质量的弹簧和阻尼器所组成的动力运动体系,地基的反力用地基的弹簧系数和阻尼常数来反映。用此方法的要求:一是要确定地基的弹簧系数和阻尼常数,二是要求解运动体系的动力平衡方程式。

2)弹床系数模型

弹床系数模型是在文克尔假定的基础上建立起来的。作用于土体中一点的力只使该点产生位移,而不能使相邻点产生位移。可将土体做如下的处理:土对结构的作用以弹簧体系代替,弹簧对结构的作用力与弹簧的变形成正比,这个比例系数叫弹床系数,由经验公式可得。有限元模型:将土体看成有限元的集合体,利用有限元分析土体与结构的相互作用,其计算简图的选取应根据具体问题而定。但应指出,结构的形式对计算简图的选取有决定性的影响。

3)耦合模型

耦合模型即有限元、边界元、无限元之间的耦合。一般结构和近场土体用有限元来模拟,远场土体用边界元或无限元来模拟。

3. 土与结构相互作用的非线性

土与结构相互作用实质上是非线性体系,该体系在时域法中求解。土与结构动力作用问题存在 3 种非线性。

(1)土本身材料的非线性及土体的非线性即土体是非均质的,在土体的不同部位材料的性质不同,又由于地下水的存在使得土体更进一步表现出它的非线性。

(2)几何非线性,这是几何方程的非线性引起的位移和应变的关系。

(3)交通工具与土体、结构三者的接触非线性。

频域阻抗方法对土-结构动力相互作用体系非线性分析无能为力,只有借助于时域方法才能求解。冯仰德、汪越胜、章梓茂应用时域边界元法研究了结构-介质动力相互作用问题,假设摩擦遵守库仑定律,提出了一种单侧摩擦接触界面模型。

总之,在20世纪80年代以前,土与结构动力相互作用主要是线性分析,可以在时域和频域内得到求解。近年来,随着计算机技术的飞速发展,土与结构动力分析也由线性过渡到非线性阶段,计算机技术为此提供了一个高效的分析工具。

1.2.2 窨井(检查井)研究现状

国外对检查井沉陷破坏性状的研究较少。Salah El Haggar等研究采用不可回收的塑料和钢筋等材料来做检查井井盖[3],减少污染,减少造价,减少井盖被偷等造成的事故。美国有很多关于调整检查井井座高度的研究,如Bowman关于调整检查井井座的措施[4]。Christian Falk在“检查井井盖维修”中研究了检查井上部结构[5],即上部井筒、井盖和检查井周边一定范围的土体、沥青路面部分。他通过室内试验,在井盖上作用一个动荷载来分析上部结构的受力变形情况,结果表明:检查井上部砂浆层的破坏对检查井与路面的差异沉降有很大影响;又通过现场和室内试验表明砂浆类型、修补方法及现场条件对材料的荷载反应有很大影响。他提出一个设计方法,是把井盖和井筒隔开,使上部交通荷载传递到新做出来的钢筋混凝土井盖上,不会直接作用在检查井的上部井筒上。还有一种检查井的改进措施,就是在井座下安装检查井高度调整装置。当检查井与路面发生沉降差时,可以调整该装置,使得检查井井盖与周边路面标高保持一致。然而,以上文献没有对交通荷载作用下检查井沉陷等受力变形进行研究。

目前国内很多文章描述了检查井的破坏性状并提出了一系列相应的预防措施。王晓江通过对北京典型路段的检查井进行了深入的现场调查分析、地质雷达检测和有限单元法静力和动力学计算[6]，从检查井井座下砂浆垫层受力上总结分析北京地区检查井病害的主要原因，提出了预防检查井病害发生的四项工艺措施：①井盖安装以现浇混凝土取代砂浆卧底；②井圈周围浇筑钢筋混凝土搭板，其目的是实现井圈与井筒脱离，车辆荷载通过井圈底座搭板传递到道路基层，避免检查井沉陷；③采取预制井圈修复检查井；④采用反挖法施工时用莱克树脂等材料取代检查井周边沥青混凝土。

张强等针对当前窨井存在的主要问题，提出了一种防治窨井沉降的改进型窨井结构[7]。采用 Terzaghi 一维固结理论计算窨井的沉降速率，在单轮轮载为 25 kN 的工况下，采用分层总和法计算最终的沉降；计算分层沉降时考虑瞬时沉降、主固结沉降和次固结沉降。最后得出三个结论：①在不进行路基加固的情况下对比传统型窨井和改进型窨井，防沉降窨井显著地降低了沉降差，降幅达 60% 左右；②在路基浅层加固的情况下，传统型窨井及改进型窨井与路面仍有沉降差，但是传统型窨井的沉降差仍超过 5 cm，改进型窨井的沉降差比传统型窨井的沉降差减少 60% 左右；③路基深层加固后，沉降差明显减小，传统型窨井 10 年时的沉降差为 32.9 mm，改进型窨井则只有 14.4 mm。虽然路基深层加固后防沉降效果很好，但是与路基浅层加固相比，施工成本大大提高，因此推荐对路基进行浅层加固。

潘永清等通过对城市窨井的现场调查[8]，认为交通荷载是窨井发生破坏的主要原因，窨井与路面产生差异沉降并非是由路基沉降造成的，而是窨井上部沉陷的原因。对城 - A 级车辆荷载的最大轴重 200 kN 作用下检查井的有限元分析表明：①当荷载作用在检查井中心时，井体上的混凝土垫层边缘出现了较大的拉应力，而混凝土垫层的抗拉强度极低，因此出现垫层的破碎，导致窨井盖的沉陷；②在单次汽车荷载作用过程中，混凝土垫层经历了两次反复剪切的过程，因此在循环车辆荷载作用下会加速混凝土垫层的破坏；③与垫层中的剪应力变化规律相似，窨井上部的沥青路面也经历了反复剪切的作用，导致路面出现剪切裂缝，进而发生破坏；④在窨井上部的沥青路面的同一水平面上，窨井井筒外侧所在纵剖面上沥青的剪应力峰值大于同一水平面上的其他点的剪应力峰值。由于井盖垫层的剪应力幅值远大于井体上部沥青路面中的剪应力幅值，因此井盖垫层先于沥青路面发生破坏。垫层的破坏导致窨井盖发生沉降，使窨井与路面之间产生沉降差，在循环交通荷载的作用下会加速窨井与路面的破坏。

上海市政工程设计研究总院（集团）有限公司通过对窨井结构进行改进，自主研发出一种防沉降窨井结构。防沉降窨井井盖是在原有的传统窨井结构的基础上做出一些改进：将井框与窨井座由"墩座式"改为"承式"；使井盖框成为路面的一部分；窨井上的荷载（比如车辆荷载等）通过特制井盖传递到道路的表层。白彦峰通过对改进型窨井的沉降进行有限元计算得出结论[9]：不进行路基处治时，改进型窨井和路面差异沉降较大；进行路基浅层处治后差异沉降差可降低约31%；进行路基深层处治对于窨井和路面的差异沉降控制最好，10年时仅为8.9 mm。通过传统型窨井与改进型窨井的差异沉降有限元计算，可以明显看出改进型窨井在防治窨井与路面差异沉降方面效果显著，其与路面的沉降差在各种地基处理条件下均为传统型窨井的60%左右，可以有效防治因窨井沉降引起的窨井及路面破坏。

组装式预制混凝土检查井由预制混凝土构件组成，主要有井口缩径、主井筒、井底筒、弧形槽井底、井基座五个分体构件组成。郭凯[10]对组装式预制混凝土检查井进行了试验研究和优化分析。首先，对混凝土检查井各分体构件进行试验研究，对井口缩径进行竖向逐级加载，并观测其开裂、破坏特征，观察井口缩径承受竖向荷载时，纵向位移的变化情况，并绘制荷载与竖向位移变化曲线，将破坏过程分为三个阶段；其次，对检查井整体进行试验，用集中力来模拟水平荷载，同时在井体另一侧填满沙来模拟现实井体周围的土体，并最终得出检查井的开裂破坏荷载，以及在受竖向及水平荷载下，检查井的受力特点和力的传递机理；最后，通过对组装式混凝土检查井的构件及整体受力进行有限元数值模拟计算，并对比试验所测得的结果，两者结果基本一致。根据试验、有限元数值模拟计算结果和相关理论得出一个简便计算此类型检查井的承载力计算公式。

刘深华[2]在基本假设的基础上，首先，对等截面检查井进行分析研究，将周围土体对等截面检查井的作用简化为检查井－土体接触面上的 Voigt 体模型，对等截面检查井进行受力分析，然后将参数赋值，得到检查井井顶纵向振动位移曲线以及参数变化影响曲线，并以此分析检查井纵向振动性状。其次，对变截面检查井进行分析研究，根据检查井横截面的不同变化，利用集中质量法将其简化为 n 段等截面检查井，同样将检查井周围土体对检查井的作用简化为检查井－土体接触面上的 Voigt 体模型，对某段检查井进行受力分析，求得交通荷载作用下检查井的井顶纵向振动位移在时域内的半解析解。将检查井的井顶位移方程中的参数进行赋值，得到检查井井顶位移曲线。研究结果表明：要阻止检查井井顶位移发展最有效的方式是增大检查井井顶尺寸以及增大井顶段的弹性模量。在条件许可的情况下，可以在井顶添加混凝土哈腹板，这样能更有效地阻止井顶位移发展。最后通过对检查井振动理论中等截面法和变截面法的对比分析，可知变截面检查井振动理论更适合实际工程。

李少成[11]从检查井常规施工工艺、四周回填土质量和地基承载力入手，分析检查井四周开裂沉陷的具体原因。就检查井和路面之间 2 mm、10 mm、50 mm 三种高差的情况下，取车轮直径为 800 mm，在汽车单轮荷载为 48 kN 作用下，对井筒和路面之间产生的缝隙的大小进行有限元分析，最后得出井筒的最大向前位移分别为 0.012 mm、0.027 mm 和 0.059 mm，在实际应用中雨水或者积水会流入缝隙使检查井周围的道路面层起鼓开裂。另外，文献[11]提出解决检查井与城市道路路面顺接施工技术问题的主要措施有：结合现有的操作规程，完善检查井设计、施工的方法和标准；增加检查井混凝土基础；用沟槽回填密实度的标准控制检查井四周的回填质量；升降井壁施工增加钢筋混凝土底座；根据沥青摊铺机的组合，调整井盖安装，保证与路面平顺。最后提出建立编制检查井施工档案表制度，将责任细化，施工量化，增强施工人员的责任心，有效减少非技术原因产生的工程质量问题。

曹磊[12]对交通荷载作用下软土地基中检查井的沉降性状进行了研究。结果表明:随着土体压缩模量 E_s 值的提高,检查井沉降值达到稳定状态需要的加载次数逐渐减少;在其他参数不变的情况下,随着井周回填土回弹模量 E_d 的增大,检查井的沉降值呈现减小的趋势,且沉降的稳定值之间的变化值也呈现减小的趋势;井壁材料的弹性模量 E 的变化,仅仅对检查井的沉降稳定值有影响,而对达到沉降稳定值所需要的加载次数没有影响;检查井埋深的变化对检查井沉降稳定值有影响,而对达到稳定值所需要的加载次数没有影响。作者同时也研究了冲击动荷载作用下检查井的沉降性状,选取不同的参数,分析参数变化对检查井沉降性状的影响。通过计算分析得出如下结论:增大土体压缩模量 E_s 可以有效减小检查井的沉降值;增大井周回填土回弹模量 E_d 可以减小检查井的沉降值;增大井壁材料弹性模量 E 对减小检查井沉降值有一定帮助,但当 E 达到一定的数值后,再继续增大,检查井的沉降值减小得很少。

张静毅[13]以道路和检查井为研究对象,通过改变影响道路和检查井沉降的主要因素——土的压缩模量,对路面的沉降量、交通荷载作用于检查井井盖中央且土体与检查井间摩擦系数不同时检查井的沉降量,交通荷载作用于检查井一侧、井壁中央时检查井的沉降量以及检查井底部土体土质不同即检查井底部土的压缩模量不同时检查井的沉降量分别进行了分析与计算。通过对比检查井沉降量与路面沉降量的差值,研究了路面与检查井的沉降差值处于相对合理区域时土体的压缩模量范围。同时研究了出现检查井凸出路面、凹入路面以及检查井一侧凸出路面、一侧凹入路面时土体压缩模量的变化范围。仅考虑受附加应力 - 交通荷载的影响时,采用土力学中的分层总和法对于路面的沉降进行了分析与计算。通过建立力学模型,利用大型通用有限元软件 ANSYS 分析计算了检查井周围填土力学性能指标、检查井底部土体力学性能指标、交通荷载以及检查井周围填土与检查井井壁间摩擦力对检查井沉降的影响,并提出了相应的解决措施。

饶勤波[14]对杭州市部分道路检查井的使用状况进行了深入的调查和分析总结。检查井在使用过程中几乎都发生了沉陷,井盖周边沥青混凝土发生了开裂破坏，少数检查井会凸出路面。检查井最明显沉陷的范围是在检查井上部井筒对应的范围内。从非机动车道和机动车道上的破坏情况比较分析发现，汽车荷载对检查井的沉陷、检查井周边沥青混凝土的开裂破坏等有着关键性的影响。根据砌体在循环荷载作用下的应力应变关系，得出砌体的压缩变形不是检查井沉陷的主要原因。对检查井建立轴对称整体有限元模型，计算分析检查井在交通动力荷载作用下的受力变形。动荷载的大小对检查井上部结构的影响大于下部结构的影响，即上部荷载对检查井的影响深度是有限的，交通荷载对检查井的破坏作用主要在上部。

杜健[15]首先借鉴桩的纵向振动理论，建立了交通荷载作用下检查井的纵向振动方程，给出了检查井井顶振动位移的半解析解，通过参数赋值，得到了检查井理论沉降曲线，由理论沉降曲线可得检查井沉降最终稳定在10.15 mm左右，沉降稳定时间为10个月；利用通用有限元软件ANSYS，建立了交通荷载作用下检查井沉降的二维平面应变模型，给出了路面、回填土及检查井材料对检查井沉降的影响规律；针对工程实际中出现的带哈腹板的检查井，给出了改进型检查井的沉降规律。最后建议回填土最好选择水稳性好、透水性高且级配良好的砂性土。

1.3 本书的主要研究内容

本书的主要研究内容如下：

(1)对市政窨井病害进行调查总结，分析产生病害的原因，并分别对窨井的井盖受力、井筒(井身)受力和底板受力进行分析。

(2)通过对现行窨井设计方法和存在问题的分析，提出基于可靠度理论的窨井设计新方法。

(3)分析窨井施工过程中易出现的问题，提出施工关键控制技术和一套完整、合理的施工工序，并建立施工质量控制模型。

(4)建立市政窨井使用状况评价体系和市政窨井养护策略模型。

第 2 章　市政窨井病害的原因与机理

2.1　常见市政窨井病害

随着我国城镇化进程的加快，大量人口涌向城市，城市规模不断扩大，城市基础设施建设特别是市政道路设施建设迅速发展，而窨井作为市政道路的附属设施，其数目也在不断增多。由于设计、施工和后期养护管理等方面的原因，目前市政窨井病害非常普遍，有的甚至相当严重，维修这些窨井不仅需要花费大量的人力、物力，更重要的是对城市交通安全和城市形象造成较大影响。经过大量调查，并参考国内外相关资料，可知窨井病害主要有以下几种类型。

2.1.1　窨井盖框下沉或突起[16]

窨井在自身荷载和动荷载（主要为车辆荷载）的作用下，井体上部产生裂缝并最终破碎，导致窨井盖框区域下沉（见图 2-1）或者窨井盖框沿行车方向发生移动，破坏了道路的整体平整性。有些窨井由于施工时没有处理好井体与路面的高差，导致窨井盖框安放后高于路面高程，而施工方为了减小工作量，在窨井周边抹水泥砂浆，但是水泥砂浆与沥青路面的黏结性较差，在车辆荷载的作用下水泥砂浆很快破碎，就会出现如图 2-2 所示的突起情况。由于大部分窨井都布置在道路的行车道上，出现上述两种病害导致道路的平整性被严重破坏，车辆行驶的平稳性及安全性受到较大的挑战。

2.1.2　窨井周边路面沉降与碎裂

由于窨井的凹陷，车辆行驶至此会发生颠簸，车辆不仅对窨井及其周边路面有垂直向下的作用力，还对窨井有沿行车方向的冲击力，在冲

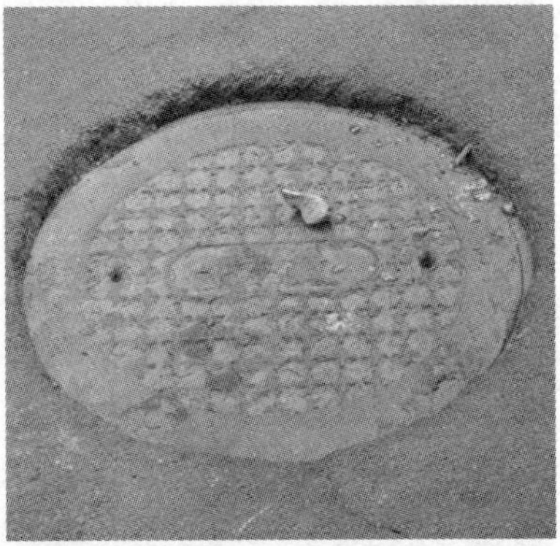

图 2-1　窨井盖框区域下沉

图 2-2　窨井盖框区域突起

击力的作用下窨井对其周边路面造成冲击,久而久之路面就会发生沉降与碎裂(见图 2-3、图 2-4)。由于窨井及其周边路面的沉降与碎裂,在降雨的情况下,雨水汇集在沉降处,车辆荷载的频繁作用导致窨井及周边路面较快被破坏,雨水从窨井外部向下渗,对砖砌井体及混凝土底板基础造成侵蚀,同时增大路基土的含水率,降低路基的强度,破坏了井体和路基的稳定性,导致路面裂缝进一步扩大,下沉更加严重。

图 2-3　窨井周边小面积沉降与碎裂

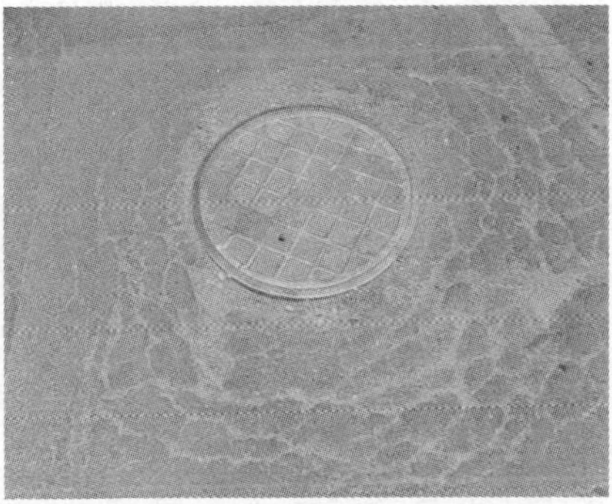

图 2-4　窨井周边大面积沉降与碎裂

2.1.3　窨井盖框区域破碎

在窨井周边路面的沉降与碎裂情况下,车辆行驶至此产生较大向心力,对窨井及其周边路面的作用力大于正常情况下的作用力,路面发生小面积破碎(见图 2-5)。在车辆荷载的反复作用下,会出现较大面积的路面破碎,最终使窨井盖框与路面分离(见图 2-6),导致窨井盖框区域的整体破碎。

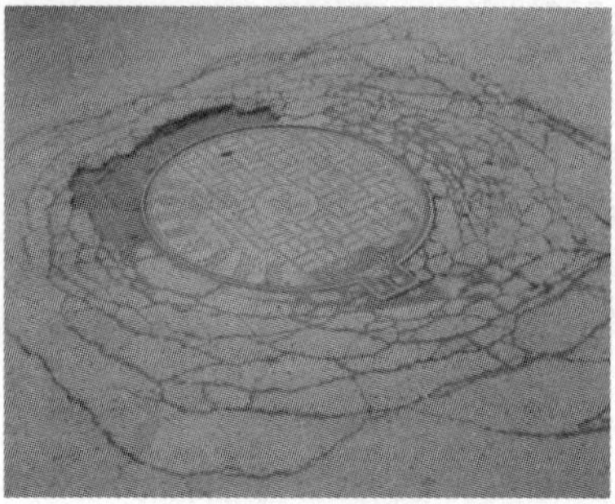

图 2-5　窨井周边路面小面积破碎

图 2-6　窨井盖框与路面分离

2.1.4　窨井盖倾斜

市政窨井盖发生倾斜主要有两个方面的原因。第一,窨井开始施工时没有进行地基处理或者没有按照规范进行地基处理。在车辆荷载的作用下,如果窨井的地基处理不合格,容易导致井体不均匀沉陷,而窨井框是坐落在井体上的,从而使井框倾斜,最终导致窨井盖也发生倾斜(见图 2-7)。第二,井体上部碎裂。井体上部碎裂的主要原因是设计不合理、施工不规范和车辆荷载较大,在此种情况下,井体上部出现裂缝,进而出现局部碎裂,导致窨井框放置不稳,在外力的持续作用下井体上部破碎加剧,从而使窨井盖框发生倾斜(见图 2-8)。

2.1.5　窨井盖破裂

城市主干道上车流量相对较大,市政窨井在长期密集高强度的车辆荷载作用下,容易发生破碎。市政窨井设计时较少考虑城市车流量随着社会发展的骤增,抑或是经济因素的限制,导致窨井盖的材质选择不当,比如选择了球化率较低的铸铁井盖或者钢纤维混凝土井盖,这些井盖虽然在一定程度上能够降低成本和具有较好的使用性能,但是缺乏在长久使用性上的考虑(见图 2-9、图 2-10)。铸铁井盖的国家

图 2-7　窨井盖倾斜

图 2-8　窨井盖框下沉、倾斜

图 2-9　铸铁井盖破裂

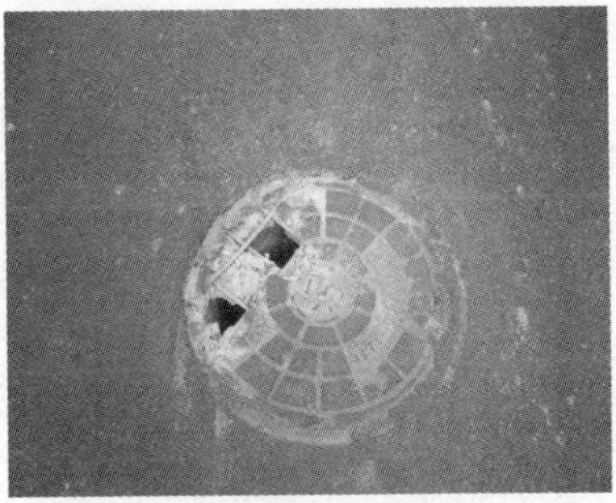

图 2-10　钢纤维混凝土井盖破碎

标准[17] CJ/T 3012—1993 划分为轻型和重型两个等级,这就要求市政设计或者施工部门因地制宜,选择合适的铸铁井盖,例如在人行道上可以选择轻型井盖。钢纤维混凝土井盖的国家标准[18] JC 889—2001 中的 A 型井盖“裂缝荷载”仅为 18 t,指标严重偏低,不宜用于交通主干道上。井盖的承载能力是衡量井盖能否在道路上使用的关键指标,如果承载能力不高,使用时被压坏则与铸铁井盖被盗并无区别。因此,不论使用何种材质制作井盖,在道路上使用,至少要达到《铸铁检查井盖》标准规定的 36 t 的试验荷载。随着城市的发展,道路越来越宽,车流量越来越大,载重量越来越高,对井盖的承载能力要求也越来越高。因此,新型材料的井盖不仅要达到现有《铸铁检查井盖》标准,而且应超过此标准。如果要制定新井盖标准,建议承载能力的划分和规定参照欧洲标准 EN 124[19],机动车道上使用的井盖的承载能力不低于 40 t。

2.1.6　车辆碾压时井盖跳动或者发出异响

传统窨井盖框接触面不平整,特别是在使用时间较长的情况下,重车快速通过时,井盖易发生跳动,既发出噪声,又引起较大的安全隐患,对后续车辆的安全行驶造成威胁。另外,窨井盖的反复跳起,对井盖自身和井框都会造成渐进的损坏,最终有可能导致井盖发生破坏,井框与路面的结合性越来越差,最终造成井周路面碎裂。在实际工程中,用自行车废旧的橡胶外胎剪成的小段卡在窨井盖和窨井框之间,既能防止井盖跳动,又能防止异响(见图2-11),但是这对城市的美观造成较大影响,因此建议从窨井盖框的设计上下手,从根本上解决这一问题。

图2-11　用橡胶制品防止跳动和异响

2.1.7　井周水泥混凝土回填路面破裂[21]

道路面层摊铺沥青混凝土时,先用钢板封住井体,然后进行面层施工,以使沥青摊铺机和压路机能对井周沥青料进行充分压实。面层铺装压实完毕,根据事先对窨井的定位,反挖路面,除去钢板。对于普通的窨井盖框的安装,需对井周路面进行较大面积的开挖,然后调升井体,既能使窨井框上部与路面高程一致,又可以使窨井框能平稳地坐落在井体上部。待窨井盖框安放完毕,需对井周进行回填,施工方为了防止井周沉降,使用混凝土进行回填,但是极易出现如图 2-12 所示的病害。水泥混凝土与窨井框和沥青路面的黏结性较差,以及水泥混凝土本身具有较大的干缩性,施工方对回填混凝土的拌和比较粗放,窨井施工完毕在混凝土的强度仍较小时就开放交通,这些原因都极易使井周回填的混凝土出现裂缝,在车辆荷载的持续作用下,就会出现如图 2-13 所示的病害,混凝土完全裂开、破碎。因此,建议使用此种方法安放窨井盖框时,尽量不使用水泥混凝土进行回填,仍要求使用沥青混凝土,这样既能使井周回填料与路面材质一样,又能减少此种病害的发生。

图 2-12　混凝土回填的路面破裂

图 2-13　混凝土破碎、分离

2.1.8　窨井周边修复面与路面产生较大裂缝

在现行条件下进行老路窨井修复时,一般使用圆形井周铣刨机将井周路面切割为圆形,或者用路面切割机将路面切割为方形,使用这两种切割器械能减小对非修复路面的扰动和破坏。通过调研发现,使用井周铣刨机对井周路面进行圆形切割,对井周病害进行修复后,在后续的使用过程中,容易发生如图 2-14 所示的病害,井周修复面与原路面之间的最大缝隙可达 8 cm 左右,既不美观,又可能引起井周修复面的二次破坏,如图 2-15 所示,从井周修复面与原路面连接处开始发生破坏。在实际工程中,回填沥青时,使用乳化沥青对修复面与路面连接处进行灌缝或者在修复面与原路面之间使用固体沥青黏结条,然后使用冲击夯对沥青进行夯实。由于窨井修复面一般较小,圆形切割面直径一般在 1.5 m 左右,方形切割面的切割长度根据破坏情况确定,但一般不超过 2 m,所以对回填沥青进行夯实时无法使用大型夯实器械,一般都是用电动冲击夯。在实际应用的过程中,冲击夯的夯锤为矩形,如果切割面为圆形,则圆形切割面的周边就不易夯实,因此建议对井周破损路面进行切割时尽量切割为方形,这样利于边缘区域的夯实,使其与原路面连接紧密,减少如图 2-15 所示的破坏。

图 2-14　修复面与原路面间的缝隙

图 2-15　修复面与原路面连接处破碎

2.1.9　窨井井筒病害

市政窨井表面病害易于发现和修复,但是窨井内部由于较少打开,因此不易发现井筒的病害,但是井筒病害的产生更容易导致其他一系列的病害。如图 2-16 所示,砖砌井筒内壁少抹防水水泥砂浆,当井内水位上升时,水很易渗过井筒,既对砌体结构造成腐蚀,又对井筒外侧的回填土和路基土的湿度产生较大影响。在井筒施工完毕后,一定要对井筒内壁抹防水水泥砂浆,既能提高井体强度,又能保护井体。如图 2-17 所示,井体上部破损极易对窨井盖框的安置产生影响,如果窨井盖框放置不稳,则在车辆荷载的作用下极易发生晃动,并最终导致窨井周边的破坏。当安放井框时,如果井筒上部不平或者发生破坏,则需使用砌筑水泥砂浆进行找平或者修补,以使井框能放置稳当。由于井体破坏的不易发现性,因此在设计和施工时,一定要按照要求做好,比如砌体灰缝的控制、不同用途的水泥砂浆的强度控制等。

图 2-16　砖砌内壁少抹水泥砂浆

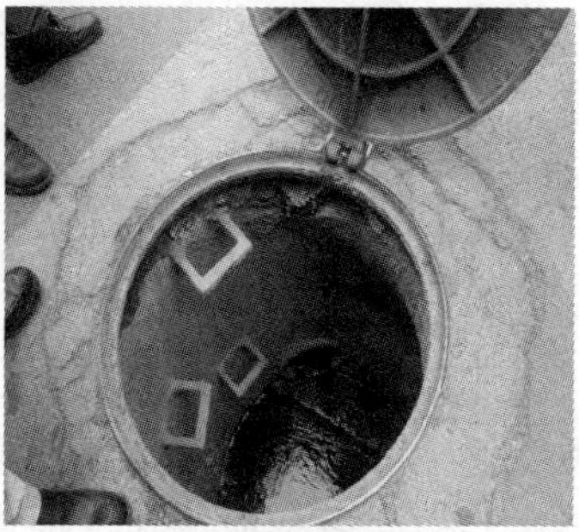

图 2-17　井筒上部破损

2.2　市政窨井周边沉降的原因

导致市政窨井周边沉降与碎裂病害的原因较多，归纳起来有以下两个方面。

2.2.1　设计方面[21]

窨井的设计主要有以下几个部分：窨井底板的设计、井体的设计、窨井盖框的设计。

在设计过程中，由于窨井底板形式较为简单，因此设计方很少考虑窨井所处位置的地质条件，直接根据《排水检查井标准图集》设计为厚度为 100 mm 的 C10 素混凝土底板，但是标准图集的地质条件为地基承载能力不小于 100 kN/m^2。因此，在实际工程中，设计方应根据窨井所处位置的地质条件、窨井深度和道路的车流量等因素进行设计，而不应该直接根据标准图集进行设计。在地质条件较差、窨井深度较大的地方或者城市主干道等地方，可以采用钢筋混凝土底板，并适当提高混凝土强度等级或者增大底板的尺寸，来增强混凝土底板的强度，从而增加其使用年限，减少由于窨井基础破坏而引起的窨井沉降或者碎裂。

井体的设计主要是砌筑材料的选择。郑州市大部分为黏土砖砌井体，只有少部分为混凝土井体。传统的黏土砖砌筑的检查井，井身强度较低，且其在潮湿环境中的耐久性不强，会提前发生粉化剥落等病害，这对井体的结构安全造成较大威胁。因此,在欧美等发达国家就对井体砌筑材料进行改革,如使用预制混凝土干砌块、预制钢筋混凝土拼装式、下部现浇与上部预制拼装结合式、高密度聚乙烯塑料窨井等。混凝土与塑料制品都具有较高的强度和耐久性,在条件允许的情况下,我国应大力发展新型窨井,这样就可以减少对黏土砖的使用,从而保护耕地。当然,更重要的是混凝土窨井具有较高强度、较好耐久性和适合批量预制化生产的特性。窨井在预制场地或者工厂进行成批制作,然后再将这些构件适时地运到工地进行安装,使用预制安装法可以缩短施工期,质量容易控制,有利于降低工程成本。

对于窨井盖的选择,在实际工程中建议采用球墨铸铁的“六防”(防沉降、防响动噪声、防偷盗、防路面沥青龟裂、防滑设计、防井盖跳起)井盖,井盖材料须符合国标 QT 500—7 的要求,球化率大于 90%,球化级别达三级以上。

对于窨井直径、防震响措施、窨井盖尺寸和防滑花纹、窨井盖嵌入深度和踏步等的设计选择,政府部门可以根据本地区实际情况,出台一系列的技术标准,从根本上解决本地区市政窨井设计混乱无标准可依的情况,这对以后窨井的检修也会有很大便利和帮助。

2.2.2 施工方面

对于现在日益严重的窨井病害问题,虽然在设计上有一定的缺陷,但是引起这些问题的关键还是在施工方面。

2.2.2.1 窨井沟槽开挖尺寸不符合要求

沟槽开挖采用机械(反铲挖掘机)放坡开挖,如遇有地下管线,可采用人工开挖。沟槽开挖时,先进行详细的测量定位并用石灰标示出开挖边线,复核无误后可指挥挖掘机进入沟槽开挖范围进行开挖。由于挖掘机不可能准确地将槽底按规定高程整平,所以为确保槽底土壤结构不被扰动破坏,开挖沟槽时应在设计槽底高程以上保留 20 cm 左右一层采用人工清底。若开挖尺寸或者开挖坡度不符合要求,沟槽狭窄,后期对回填土夯实时夯实器械无法就位,就会使回填土的压实度达不到要求,有很大可能会引起窨井周边的沉降。

2.2.2.2　窨井基础承载力不足[22]

由于窨井施工位置地质条件的不一致,因此施工方不应完全按照设计图纸进行施工。比如有些窨井基础底部为淤泥或者腐殖土,就需清理干净,并用天然砂砾或者石灰土进行回填。施工时一定要确保底板基础的平整,混凝土严格按照配合比配制,保证底板的厚度和宽度并振捣密实。窨井底板最低混凝土强度等级不得低于 C15,素混凝土底板的最小厚度不得小于 15 cm。为了确保窨井底板的承载能力足够大,可以提高混凝土强度等级或者使用钢筋混凝土底板。在窨井底板浇筑后,要给混凝土一定时间的养护期,只有当混凝土基础强度达 1.2 MPa 以上时,方能进行下道工序。因赶工期,不能使用现浇混凝土底板进行养护的可以使用预制混凝土底板。在施工过程中一定要杜绝先砌筑井体、后浇筑混凝土基础的错误做法。只有在窨井基础承载力能满足后期使用的情况下,才能避免窨井底板破裂和窨井总体沉降的发生。

2.2.2.3　井体施工不合理

市政窨井井体一般为砖砌窨井井体和混凝土窨井井体。对于砖砌窨井井体,施工过程中容易出现下列问题:砌块强度和砌筑砂浆强度未达到设计要求,砂浆不饱满;灰缝参差不齐甚至对缝;无防水砂浆抹面或者只抹井体里面不抹外面。出现上述问题都会降低井体的可靠度,砂浆强度等级不够以及砌筑出现对缝都会使井体在车辆荷载的反复作用下出现裂缝,而无防水砂浆或者防水砂浆抹面不合理会使井体在雨水或者污水的腐蚀下强度降低。这一系列的施工方面的小问题极易造成较为严重的后果,比如井体坍塌、下沉,进而就引起窨井沉降或者碎裂。在施工中,应严格控制施工质量,砖砌块采用实芯、非黏土砖砌筑,按不低于 M7.5 水泥砂浆和 MU10 砖标准,抹面、勾缝、坐浆、抹三角灰均用1∶2防水水泥砂浆,井内、外壁全部用 1∶2防水水泥砂浆抹面厚 20 mm,粉面砂浆内要求掺加聚丙烯混凝土纤维,掺加量不少于 0.4 kg/m^3。钢筋混凝土井体如为现浇,应严格按照施工规程,绑扎钢筋、支模、浇筑和养护,当井体强度没有达到一定程度时,严禁进行下一道工序的施工。对于预制钢筋混凝土窨井,由于其工厂化生产,质量一般较高,因此在安装过程中一般只需控制好高程。施工方面的问题一般都是可以避免的，施工时严格按照施工组织设计进行施工，出现小问题一定不要抱侥幸心理，应该马上整改，监理方应该切实负责，对施工质量进行监督和管理。

2.2.2.4　管道与井体衔接不当[23]

窨井井体接入圆管的管口与井壁间空隙应封堵严密，与窨井接连的所有管道端头，要经过凿毛处理并要清理干净，保证管道与窨井井壁结合牢固。接入圆管的管口应与井内壁平齐。当接入管径大于300 mm时，应砌砖圈加固，管子穿越井室壁或井底，留有30～50 mm的环缝，用油麻－水泥砂浆、油麻－石棉水泥或黏土填塞并捣实。做好管道与窨井井体的衔接主要是为了防止雨水或者污水外渗，渗出的水会使窨井和管道基础土的含水率升高，破坏基础的水稳定性。

2.2.2.5　井周回填土选择不当或者压实度不达标[24]

为方便窨井施工开挖的沟槽，在窨井底板以及井体施工完成后，需进行回填。由于井周回填材料的选择没有一个明确的标准，因此在实际施工过程中极易出现选择不对材料进行回填，比如直接回填基坑开挖土（含有腐殖土或者有机土）、回填砂石、回填材料里含有砖块和建筑垃圾等。在这种情况下，由于路基和路面材料与井周回填材料的强度、变形模量等的差异性，容易在井周回填土与路面间出现差异性沉降，导致路面的平整度发生改变，出现路面破坏，影响城市交通。在回填的过程中，首先必须选择合适的材料，最好具有早强性、微膨性、良好的黏结性和不容易发生干缩。现在某些工程中开始尝试使用热焖粉化钢渣、快速高强混凝土 TQL、灰土（2∶8）、三合土和水泥石灰土（4∶12∶84）等，市政部门可以根据本地区的条件，选择不同的回填材料进行试验，并最终得出适合本地区的回填材料，并制定标准推广使用，从而减少因井周回填土与路面差异沉降而引起的窨井破坏。

选择合适的回填材料固然重要，但是若不能按照工序进行正确的施工，亦会使井周回填部分与路面出现差异性沉降。进行井周沟槽回填时，容易出现直接一次性回填并夯实或者每次回填虚铺厚度较大等错误的施工，造成井周回填土的压实度达不到要求。在施工过程中，应严格按照施工组织设计，分层虚铺回填土并进行充分夯实，特别是回填部分与井壁和路面结构的衔接处，应认真地把每个部位都充分夯实，这样能使回填土与其他结构更好地衔接，不容易出现裂缝等病害。进行井周回填土夯实时，应根据沟槽的尺寸选择合适的机械器具，底层施工空间较小时使用冲击夯，上部沟槽较开阔时可以使用平板夯。进行窨井病害修复施工时，在回填沥青前应先在施工面上喷洒乳化沥青，增强回填沥青与路面面层的黏结，减少因为施工缝开裂引起的病害。

2.2.2.6　窨井高程存在较大误差

进行窨井设计时，一般都给定的有窨井底板高程、窨井井体上部高程以及窨井盖上部高程等。在进行施工的过程中，由于施工人员的素质等因素，容易造成高程控制失败，最终出现新修窨井顶部高程高于路面或者低于路面。施工过程中如与现状井或现状管连接，施工前应复测所接已有检查井的现状高程，与设计一致时再行施工。同时要及时复核道路高程及控制点坐标，各施工段要进行联测，保证衔接顺畅。施工时，首先根据已有的高程点和控制点，利用经纬仪进行窨井位置的确定，然后再使用水准仪根据周边已知水准点，将标高引至各临时水准点上，临时水准点必须坚固稳定，距离不大于 200 m 且前后通视，临时水准点与设计水准点复测闭合，允许闭合差为 $\pm 12\sqrt{L}$ mm（L 为水准线长度千米数）。在窨井井体砌筑时，井体上部高程与路面高程之差应大于窨井框的高度，一般为 50 mm 左右，这样在安装窨井盖框时，可以通过坐浆或者其他措施来调节窨井盖框的高程。进行底板施工和窨井盖框的安装时，需使用水准仪按照测量定位的四个点用“十字法”进行高程控制。当对出现病害的窨井进行处理改造时，井周沥青和井盖框高程允许略微高于路面高程，最大高程差不应大于 5 mm。

2.2.2.7　窨井盖框安装不合格

在窨井井体上部与路面上部之间存在一个高程差，进行窨井盖框安装时，应首先根据这一高程差和窨井框的高度来进行合理坐浆，当高程差大于砖砌块厚度时，应在井体上部砌筑一层砖砌块，然后再在其上坐浆安装窨井盖框。施工时，坐浆厚度不合理，太厚或者太薄，都容易造成窨井盖框坐浆不稳，在车辆荷载的作用下，容易使坐浆层碎裂，导致井盖发生水平移动，严重时甚至使窨井盖框塌陷，引起窨井病害。坐浆时，应在井体内壁安装圆形内模，确保灌筑砂浆时井壁与模板间不漏浆，然后浇筑高强度灌筑砂浆固定井圈，当灌筑砂浆达到初凝以后（约40 min），拆下内模。施工时一定要严格控制砂浆厚度和放置内模，这样才能使窨井盖框与路面高程一致，坐浆充实饱满，容易达到预定强度。

2.2.2.8 窨井养护期不足

在目前的交通状况下，新建道路施工或者旧路上窨井的维修施工都对速度要求很高，新修路面及窨井刚施工完成就要通车，但实际上窨井结构的很多部位强度并未达到理想状况。由于病害窨井的维修一般在车流量较小的凌晨进行，安装窨井盖框时用来调节窨井盖框高度的高强水泥砂浆，以及维修病害窨井开挖断面填筑的沥青混凝土，早上开放交通后，这些部位还未发展到理想强度，在车辆荷载的反复作用下，会导致坐浆变形甚至裂开，并最终导致窨井盖框放置不稳，发生水平移动或者沉降。因此，在窨井维修完成后，可继续围挡施工区域或者在施工部位安放特制钢板使施工部位不承受车辆荷载，养护一段时间，待强度理想以后方可开放交通。

2.2.2.9 施工人员职业素养差

窨井设计是窨井结构合理、安全、无病害运行的关键，若施工方不按照设计图纸或者施工组织设计进行施工会引起严重的窨井病害问题。最明显的就是施工管理者和施工人员职业素养较低，责任心不强，只考虑省事，省去或者缩减一些施工流程。市政部门需加强对施工过程的监督，出现问题必须马上整改，按照规程施工，确保不发生或者少发生因施工问题导致的窨井病害。施工部门的施工组织设计须严格按照相关的施工及验收规范进行审查，确保不出现施工流程颠倒或者施工方法选择错误等问题。由于病害窨井的维修人员相对比较固定，施工方应加强施工人员的专业技术培训，使其了解规范，提高责任心和专业技能，这样能从根本上解决窨井的不规范施工。

2.2.2.10 职能部门责任不明确

城市道路上的窨井有多种形式和功用，市政部门管理和维护的雨污水井、通信部门的检查井、自来水公司的检查井、电力部门的检查井、燃气部门的检查井等。不同部门的检查井大部分都建设在城市道路上，但是基本上只有市政部门进行养护，这样其他部门的窨井就存在养护缺失和维修不及时等问题。城市窨井的修建、养护和维修需要不同职能部门加强沟通与合作，明确责任，加强联动，更快、更好地处理城市道路上出现的各种窨井病害。

2.3　市政窨井沉降与碎裂力学机理分析

到目前为止还没有针对市政窨井各构件进行力学分析的规范，因此在设计和施工时，一般都是参照 02S515《排水检查井》[25] 进行。根据《排水检查井图集》进行设计和施工的确可以促进各构件规范化生产和施工、节约时间，但是各构件的安全性和耐久性能否在不同的地区或者地质条件下满足要求，现在还缺乏研究。

本书根据土力学、结构力学、弹性力学等方面的理论和方法尝试对窨井盖、窨井砖砌井体以及窨井混凝土底板进行计算与分析，对窨井设计和施工提出意见和建议，以期减少市政窨井病害的产生。

2.3.1　窨井盖受力分析

针对窨井盖，本文参照郑州市市政窨井工程建设过程中窨井盖材质的选取、多种不同材质井盖在实际应用过程中的表现以及 S501 - 1《井盖及踏步》[26] 选取 ϕ 700 mm 重型球墨铸铁井盖（见图 2-18）作为计算构件。球墨铸铁窨井盖生产过程中在铁液中加入球化剂，使铁液凝固过程中析出的碳以球状石墨形态为主，这些球状石墨所占的百分数称为球化率。由于窨井盖在使用过程中遭受车辆荷载的反复作用，盖在疲劳状态下运行需要较高的球化率。现行条件下，一般要求球化率大于 90%，球化等级在三级以上。

为方便计算，将窨井盖简化为等厚度的圆板，如图 2-19 所示。

根据《球墨铸铁件》（GB/T 1348—2009）选取 QT500 - 7 型球墨铸铁井盖，其剪切强度为 450 MPa，扭转强度为 450 MPa，弹性模量 E = 169 GPa，泊松比 $\mu = 0.275$，密度为 7.1 kg/dm^3，主要基体组织为铁素

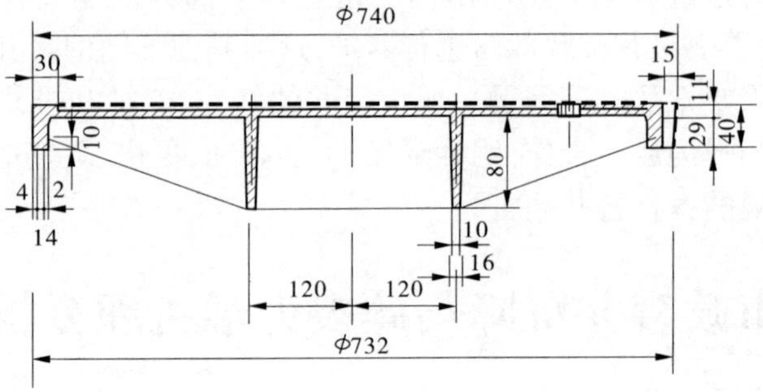

图 2-18　Φ700 mm 重型球墨铸铁井盖示意图　（单位:mm）

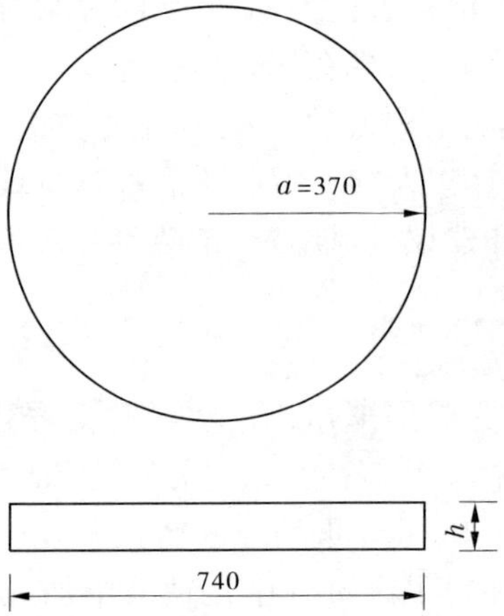

图 2-19　简化后的窨井盖　（单位:mm）

体－珠光体。

2.3.1.1　窨井盖等效厚度的求解

将窨井盖简化为等厚度圆板,设简化后的窨井盖厚度为 h。原组合图形见图 2-20。

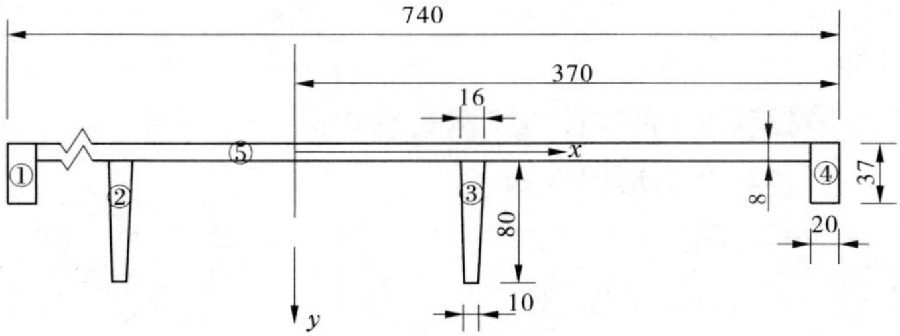

图 2-20　窨井盖组合图形　（单位：mm）

组合图形如图 2-20 所示可分为五个部分（分别为图中①②③④和⑤）。在此根据材料力学中求组合图形形心的方法[28]，见式（2-1），根据图 2-20 所示 xy 坐标系，求解窨井盖组合图形形心。

$$\begin{cases} x_c = \dfrac{\sum A_i x_i}{\sum A_i} = 0 \\ y_c = \dfrac{\sum A_i y_i}{\sum A_i} = \dfrac{37 \times 20 \times 14.5 \times 2 + 1\,040 \times 41 \times 2}{37 \times 20 \times 2 + 1\,040 \times 2 + 5\,600} = 11.7(\mathrm{mm}) \end{cases} \tag{2-1}$$

式中　A_i——各组合图形面积，mm^2；

x_i——各组合图形形心横坐标；

y_i——各组合图形形心纵坐标。

各部分以形心为原点建立子坐标系，可分别求得惯性矩 I'_{ix}（$i=1,2,3,4,5$）：

$$\begin{cases} I'_{1x} = I'_{4x} = \dfrac{1}{12}bh^3 = \dfrac{1}{12} \times 20 \times 37^3 = 84\,421.67(\mathrm{mm}^4) \\ I'_{2x} = I'_{3x} = \dfrac{1}{12}(b+3a)h^3 = \dfrac{1}{12} \times (16 + 3 \times 10) \times 80^3 = 1\,962\,666.67(\mathrm{mm}^4) \\ I'_{5x} = \dfrac{1}{12}bh^3 = \dfrac{1}{12} \times 700 \times 8^3 = 29\,866.67(\mathrm{mm}^4) \end{cases}$$

求出图 2-20 所示窨井盖的形心，然后根据组合图形惯性矩平行移轴公式

$$I = \sum (I'_{ix} + a_i^2 A_i) \tag{2-2}$$

求得惯性矩。

式中 I——对组合图形形心的惯性矩总和；

I'_{ix}——各组合图形惯性矩；

a_i——形心间距；

A_i——各组合图形面积。

根据式(2-2)可知

$$\begin{aligned} I &= \sum (I'_{ix} + a_i^2 A_i) \\ &= [I'_{1x} + (14.5 - 11.7)^2 \times A_1] \times 2 + [I'_{2x} + (11.7 - 4)^2 \times A_2] \times 2 + (I'_{5x} + 11.7^2 \times A_5) \\ &= 3\ 852\ 197.5(\text{mm}^4) \end{aligned}$$

根据惯性矩相等，由 $I = \frac{1}{12}bh^3$，即可求得等效板厚 h。

$$h = \sqrt[3]{\frac{12I}{b}} = \sqrt[3]{\frac{12 \times 3\ 852\ 197.5}{740}} = 39.678(\text{mm})$$

为简化计算，取 $h = 40\ \text{mm} = 0.04\ \text{m}$。

2.3.1.2 窨井盖的弹性力学算法推导[29-32]

将窨井盖视为由上下两个平行面和垂直于这两个平行面的柱面所围成的板。由于$(1/80 \sim 1/100) < \frac{h}{2a} < (1/5 \sim 1/8)$，因此窨井盖为薄板。

1. 薄板弯曲理论的几个基本假定

(1)薄板的中面法线在板弯曲时仍为直线，不伸缩，且总是垂直于中面。

根据这一假定有

$$\varepsilon_z = 0, \gamma_{yz} = 0, \gamma_{zx} = 0 \tag{2-3}$$

(2)薄板中面上的点不发生水平位移。

根据这一假定有

$$(u)_{z=0} = 0, (v)_{z=0} = 0 \tag{2-4}$$

(3)板层之间的作用应力 σ_z、τ_{zx}、τ_{zy} 很小,不计其引起的变形,但考虑其平衡作用。由于假定了 $\varepsilon_z=0$,因此不计其引起的横向伸缩。

则空间问题的几何方程

$$\begin{cases} \varepsilon_x = \dfrac{\partial u}{\partial x} \\ \varepsilon_y = \dfrac{\partial v}{\partial y} \\ \varepsilon_z = \dfrac{\partial w}{\partial z} \\ \gamma_{xy} = \dfrac{\partial u}{\partial y} + \dfrac{\partial v}{\partial x} \\ \gamma_{yz} = \dfrac{\partial v}{\partial z} + \dfrac{\partial w}{\partial y} \\ \gamma_{zx} = \dfrac{\partial w}{\partial x} + \dfrac{\partial u}{\partial z} \end{cases}$$

简化为

$$\begin{cases} \varepsilon_x = \dfrac{\partial u}{\partial x} \\ \varepsilon_y = \dfrac{\partial v}{\partial y} \\ \varepsilon_z = \dfrac{\partial w}{\partial z} = 0 \\ \gamma_{xy} = \dfrac{\partial u}{\partial y} + \dfrac{\partial v}{\partial x} \\ \gamma_{yz} = \dfrac{\partial v}{\partial z} + \dfrac{\partial w}{\partial y} = 0 \\ \gamma_{zx} = \dfrac{\partial w}{\partial x} + \dfrac{\partial u}{\partial z} = 0 \end{cases} \tag{2-5}$$

空间问题的物理方程

$$\begin{cases} \varepsilon_x = \dfrac{1}{E}[\sigma_x - \mu(\sigma_y + \sigma_z)] \\ \varepsilon_y = \dfrac{1}{E}[\sigma_y - \mu(\sigma_x + \sigma_z)] \\ \varepsilon_z = \dfrac{1}{E}[\sigma_z - \mu(\sigma_x + \sigma_y)] \\ \gamma_{xy} = \dfrac{2(1+\mu)}{E}\tau_{xy} \\ \gamma_{yz} = \dfrac{2(1+\mu)}{E}\tau_{yz} \\ \gamma_{zx} = \dfrac{2(1+\mu)}{E}\tau_{zx} \end{cases}$$

简化为

$$\begin{cases} \varepsilon_x = \dfrac{1}{E}(\sigma_x - \mu\sigma_y) \\ \varepsilon_y = \dfrac{1}{E}(\sigma_y - \mu\sigma_x) \\ \gamma_{xy} = \dfrac{2(1+\mu)}{E}\tau_{xy} \end{cases} \tag{2-6}$$

将体力的 z 向分量归入横向荷载 q 内，并且不考虑纵向荷载，因而 $X = Y = 0$，由上述假设(3)可知空间问题的平衡微分方程

$$\begin{cases} \dfrac{\partial\sigma_x}{\partial x} + \dfrac{\partial\tau_{yx}}{\partial y} + \dfrac{\partial\tau_{zx}}{\partial z} + X = 0 \\ \dfrac{\partial\tau_{xy}}{\partial x} + \dfrac{\partial\sigma_y}{\partial y} + \dfrac{\partial\tau_{zy}}{\partial z} + Y = 0 \\ \dfrac{\partial\tau_{xz}}{\partial x} + \dfrac{\partial\tau_{yz}}{\partial y} + \dfrac{\partial\sigma_z}{\partial z} + Z = 0 \end{cases}$$

简化为

$$\begin{cases}\dfrac{\partial\sigma_x}{\partial x}+\dfrac{\partial\tau_{yx}}{\partial y}+\dfrac{\partial\tau_{zx}}{\partial z}=0\\ \dfrac{\partial\tau_{xy}}{\partial x}+\dfrac{\partial\sigma_y}{\partial y}+\dfrac{\partial\tau_{zy}}{\partial z}=0\\ \dfrac{\partial\tau_{xz}}{\partial x}+\dfrac{\partial\tau_{yz}}{\partial y}+\dfrac{\partial\sigma_z}{\partial z}=0\end{cases}\tag{2-7}$$

2. 弹性曲面的微分方程

由式(2-5)中 $\varepsilon_z=\dfrac{\partial w}{\partial z}=0$,可知 w 仅为 x,y 的函数,即 $w=w(x,y)$。将 $w=w(x,y)$ 代入式(2-5)中的后两式,对 z 积分可得

$$u=-\frac{\partial w}{\partial x}z+f_1(x,y),v=-\frac{\partial w}{\partial y}z+f_2(x,y)$$

将上式代入 $(u)_{z=0}=0,(v)_{z=0}=0$,可知 $f_1(x,y)=f_2(x,y)=0$,从而

$$u=-\frac{\partial w}{\partial x}z,v=-\frac{\partial w}{\partial y}z\tag{2-8}$$

将式(2-8)代入式(2-5)中可得

$$\begin{cases}\varepsilon_x=-\dfrac{\partial^2 w}{\partial x^2}z\\ \varepsilon_y=-\dfrac{\partial^2 w}{\partial y^2}z\\ \gamma_{xy}=-2\dfrac{\partial^2 w}{\partial x\partial y}z\end{cases}\tag{2-9}$$

将物理方程式(2-6)改为以应变表示应力的形式:

$$\begin{cases}\sigma_x=\dfrac{E}{1-\mu^2}(\varepsilon_x+\mu\varepsilon_y)\\ \sigma_y=\dfrac{E}{1-\mu^2}(\varepsilon_y+\mu\varepsilon_x)\\ \tau_{xy}=\dfrac{E}{2(1+\mu)}\gamma_{xy}\end{cases}$$

将式(2-9)代入上式,可得

$$\begin{cases}\sigma_x = -\dfrac{Ez}{1-\mu^2}\left(\dfrac{\partial^2 w}{\partial x^2}+\mu\dfrac{\partial^2 w}{\partial y^2}\right)\\ \sigma_y = -\dfrac{Ez}{1-\mu^2}\left(\dfrac{\partial^2 w}{\partial y^2}+\mu\dfrac{\partial^2 w}{\partial x^2}\right)\\ \tau_{xy} = -\dfrac{Ez}{1+\mu}\dfrac{\partial^2 w}{\partial x\partial y}\end{cases} \tag{2-10}$$

将式(2-10)代入平衡微分方程式(2-7)的前两式,可得

$$\begin{cases}\dfrac{\partial\tau_{zx}}{\partial z} = \dfrac{Ez}{1-\mu^2}\dfrac{\partial}{\partial x}\nabla^2 w\\ \dfrac{\partial\tau_{zy}}{\partial z} = \dfrac{Ez}{1-\mu^2}\dfrac{\partial}{\partial y}\nabla^2 w\end{cases}$$

上式对 z 积分,有

$$\begin{cases}\tau_{zx} = \dfrac{Ez^2}{2(1-\mu^2)}\dfrac{\partial}{\partial x}\nabla^2 w + F_1(x,y)\\ \tau_{zy} = \dfrac{Ez^2}{2(1-\mu^2)}\dfrac{\partial}{\partial y}\nabla^2 w + F_2(x,y)\end{cases} \tag{2-11}$$

其中

$$\nabla^2 = \frac{\partial^2}{\partial x^2}+\frac{\partial^2}{\partial y^2}$$

将$(\tau_{zx})_{z=\pm\frac{h}{2}}=0$,$(\tau_{zy})_{z=\pm\frac{h}{2}}=0$ 代入式(2-11),可得

$$\begin{cases}F_1(x,y) = -\dfrac{Eh^2}{8(1-\mu^2)}\dfrac{\partial}{\partial x}\nabla^2 w\\ F_2(x,y) = -\dfrac{Eh^2}{8(1-\mu^2)}\dfrac{\partial}{\partial y}\nabla^2 w\end{cases}$$

然后再代回式(2-11),整理后得

$$\begin{cases}\tau_{zx} = \dfrac{E}{2(1-\mu^2)}\left(z^2-\dfrac{h^2}{4}\right)\dfrac{\partial}{\partial x}\nabla^2 w\\ \tau_{zy} = \dfrac{E}{2(1-\mu^2)}\left(z^2-\dfrac{h^2}{4}\right)\dfrac{\partial}{\partial y}\nabla^2 w\end{cases} \tag{2-12}$$

将式(2-12)代入平衡微分方程式(2-7)的第三式,并对 z 积分,有

$$\sigma_z = \frac{E}{2(1-\mu^2)}\left(\frac{h^2}{4}z-\frac{z^3}{3}\right)\nabla^4 w + F_3(x,y) \tag{2-13}$$

其中

$$\nabla^4 = \frac{\partial^4}{\partial x^4} + 2\frac{\partial^4}{\partial x^2 \partial y^2} + \frac{\partial^4}{\partial y^4}$$

把$(\sigma_z)_{z=\frac{h}{2}} = 0$ 代入式(2-13),可得

$$F_3(x,y) = -\frac{Eh^3}{24(1-\mu^2)}\nabla^4 w$$

再将上式代入式(2-13),整理后可得

$$\sigma_z = -\frac{Eh^3}{6(1-\mu^2)}\left(\frac{1}{2} - \frac{z}{h}\right)^2\left(1 + \frac{z}{h}\right)\nabla^4 w \tag{2-14}$$

由式(2-8)、式(2-9)、式(2-10)、式(2-12)和式(2-13)可知,全部的位移、应变和应力分量都表示为挠度 w 的函数。

下面建立求解挠度 w 的方程。

将式(2-14)代入边界条件

$$\begin{cases} (\sigma_z)_{z=-\frac{h}{2}} = -q \\ (\tau_{zx})_{z=-\frac{h}{2}} = 0 \\ (\tau_{zy})_{z=-\frac{h}{2}} = 0 \\ (\sigma_z)_{z=\frac{h}{2}} = 0 \\ (\tau_{zx})_{z=\frac{h}{2}} = 0 \\ (\tau_{zy})_{z=\frac{h}{2}} = 0 \end{cases} \tag{2-15}$$

中的第一式可得

$$\nabla^4 w = \frac{q}{B} \tag{2-16}$$

其中抗弯刚度

$$B = \frac{Eh^3}{12(1-\mu^2)}$$

式(2-16)称为薄板弯曲问题的弹性曲面的微分方程。

这样薄板弯曲问题的求解就简化为由边界条件式(2-15)和式(2-16)求解挠度 w,进而可求出位移、应变和应力分量。

3. 薄板横截面上的内力

在薄板弯曲问题中，单位宽度上应力的合力称为板的内力。弯矩 M_x 和 M_y 分别由应力 σ_x、σ_y 合成，扭矩 M_{xy}、M_{yx} 分别由剪应力 τ_{xy}、τ_{yx} 合成，横向剪力 Q_x、Q_y 分别由 τ_{xz}、τ_{yz} 合成。它们可分别表示为

$$\begin{cases} M_x = \int_{-\frac{h}{2}}^{\frac{h}{2}} \sigma_x z \mathrm{d}z \\ Q_x = \int_{-\frac{h}{2}}^{\frac{h}{2}} \tau_{xz} \mathrm{d}z \\ M_{xy} = \int_{-\frac{h}{2}}^{\frac{h}{2}} \tau_{xy} z \mathrm{d}z \\ M_y = \int_{-\frac{h}{2}}^{\frac{h}{2}} \sigma_y z \mathrm{d}z \\ Q_y = \int_{-\frac{h}{2}}^{\frac{h}{2}} \tau_{yz} \mathrm{d}z \\ M_{yx} = \int_{-\frac{h}{2}}^{\frac{h}{2}} \tau_{yx} z \mathrm{d}z \end{cases} \tag{2-17}$$

将应力分量关于挠度 w 的关系式(2-10)和式(2-12)代入式(2-17)，可以得到内力关于挠度 w 的关系式

$$\begin{cases} M_x = -B\left(\dfrac{\partial^2 w}{\partial x^2} + \mu \dfrac{\partial^2 w}{\partial y^2}\right) \\ M_y = -B\left(\dfrac{\partial^2 w}{\partial y^2} + \mu \dfrac{\partial^2 w}{\partial x^2}\right) \\ M_{xy} = M_{yx} = -B(1-\mu) \dfrac{\partial^2 w}{\partial x \partial y} \\ Q_x = -B \dfrac{\partial}{\partial x} \nabla^2 w \\ Q_y = -B \dfrac{\partial}{\partial y} \nabla^2 w \end{cases} \tag{2-18}$$

将内力关于挠度 w 的关系式(2-18)与应力分量关于挠度 w 的关

系式(2-10)和式(2-12)相比较,可以得到各应力分量与各内力分量的关系

$$\begin{cases}\sigma_x = \dfrac{12M_x}{h^3}z \\ \sigma_y = \dfrac{12M_y}{h^3}z \\ \sigma_z = -2q\left(\dfrac{1}{2} - \dfrac{z}{h}\right)^2\left(1 + \dfrac{z}{h}\right) \\ \tau_{xy} = \tau_{yx} = \dfrac{12M_{xy}}{h^3}z \\ \tau_{xz} = \dfrac{6Q_x}{h^3}\left(\dfrac{h^2}{4} - z^2\right) \\ \tau_{yz} = \dfrac{6Q_y}{h^3}\left(\dfrac{h^2}{4} - z^2\right)\end{cases} \tag{2-19}$$

4. 圆形薄板的弯曲问题

对于圆形薄板的弯曲问题,使用极坐标能极大地简化求解过程。从薄板内任一处取一微分块,应力分量 σ_r、σ_θ 分别合成弯矩 M_r、M_θ,$\tau_{r\theta}$、$\tau_{\theta r}$分别合成弯矩 $M_{r\theta}$、$M_{\theta r}$,τ_{rz}、$\tau_{\theta z}$分别合成剪力 Q_r、Q_θ。

根据极坐标与直角坐标微分算子之间的变换式,可以得到极坐标下的弹性曲面微分方程

$$B\left(\frac{\partial^2}{\partial r^2} + \frac{1}{r}\frac{\partial}{\partial r} + \frac{1}{r^2}\frac{\partial^2}{\partial \theta^2}\right)\left(\frac{\partial^2 w}{\partial r^2} + \frac{1}{r}\frac{\partial w}{\partial r} + \frac{1}{r^2}\frac{\partial^2 w}{\partial \theta^2}\right) = q \tag{2-20}$$

为求得极坐标下内力与挠度 w 之间的关系式,可将直角坐标系中的 x 轴和 y 轴与极坐标系中的 r 方向和 θ 方向相重合,并使微分块的 θ 坐标为零,就可以得到极坐标下的内力关系式

$$\begin{cases} M_r = (M_x)_{\theta=0} = -B\left(\dfrac{\partial^2 w}{\partial x^2} + \mu \dfrac{\partial^2 w}{\partial y^2}\right)_{\theta=0} \\ \quad = -B\left[\dfrac{\partial^2 w}{\partial r^2} + \mu\left(\dfrac{1}{r}\dfrac{\partial w}{\partial r} + \dfrac{1}{r^2}\dfrac{\partial^2 w}{\partial \theta^2}\right)\right] \\ M_\theta = (M_y)_{\theta=0} = -B\left(\dfrac{\partial^2 w}{\partial y^2} + \mu \dfrac{\partial^2 w}{\partial x^2}\right)_{\theta=0} \\ \quad = -B\left[\left(\dfrac{1}{r}\dfrac{\partial w}{\partial r} + \dfrac{1}{r^2}\dfrac{\partial^2 w}{\partial \theta^2}\right) + \mu \dfrac{\partial^2 w}{\partial r^2}\right] \\ M_{r\theta} = (M_{xy})_{\theta=0} = -B(1-\mu)\left(\dfrac{\partial^2 w}{\partial x \partial y}\right)_{\theta=0} \\ \quad = -B(1-\mu)\left(\dfrac{1}{r}\dfrac{\partial^2 w}{\partial r \partial \theta} - \dfrac{1}{r^2}\dfrac{\partial w}{\partial \theta}\right) \\ Q_r = (Q_x)_{\theta=0} = -B\left(\dfrac{\partial}{\partial x}\nabla^2 w\right)_{\theta=0} = -B\dfrac{\partial}{\partial r}\nabla^2 w \\ Q_\theta = (Q_y)_{\theta=0} = -B\left(\dfrac{\partial}{\partial y}\nabla^2 w\right)_{\theta=0} = -\dfrac{B}{r}\dfrac{\partial}{\partial \theta}\nabla^2 w \end{cases} \tag{2-21}$$

式中

$$\nabla^2 = \frac{\partial^2}{\partial r^2} + \frac{1}{r}\frac{\partial}{\partial r} + \frac{1}{r^2}\frac{\partial^2}{\partial \theta^2} \tag{2-22}$$

应力分量与内力的关系式可表示为

$$\begin{cases} \sigma_r = \dfrac{12M_r}{h^3}z, \sigma_\theta = \dfrac{12M_\theta}{h^3}z \\ \tau_{r\theta} = \tau_{\theta r} = \dfrac{12M_{r\theta}}{h^3}z \\ \tau_{rz} = \dfrac{6Q_r}{h^3}\left(\dfrac{h^2}{4} - z^2\right) \\ \tau_{\theta z} = \dfrac{6Q_\theta}{h^3}\left(\dfrac{h^2}{4} - z^2\right) \\ \sigma_z = -2q\left(\dfrac{1}{2} - \dfrac{z}{h}\right)^2\left(1 + \dfrac{z}{h}\right) \end{cases} \tag{2-23}$$

2.3.1.3　窨井盖受力计算与分析

窨井在车辆荷载的作用下，由于没有专门的设计规范，因此其与车辆的接触形式一般简化为矩形，根据《公路桥涵设计通用规范》（JTG D60—2004）[33]可知，车轮与窨井盖接触部分垂直于行车方向的宽度为0.6 m，平行于行车方向的长度为0.2 m。但是，由于在矩形荷载作用下窨井盖的受力分析比较麻烦，为简化计算，现将车辆荷载与井盖的受力形式简化为两种形式：①窨井盖承受均布荷载作用；②窨井盖中心承受集中力作用。

1. 窨井盖在均布荷载 q_0 作用下的受力计算与分析

窨井盖在均布荷载的作用下，窨井盖与窨井盖框的约束形式为简支约束，因此窨井盖所受外力以及约束都关于 z 轴对称，为对称弯曲问题。

在轴对称时，挠度 w 仅为 r 的函数，因此薄板弹性曲面微分方程式(2-16)可简化为

$$\frac{\mathrm{d}^4 w}{\mathrm{d}r^4} + \frac{2}{r}\frac{\mathrm{d}^3 w}{\mathrm{d}r^3} - \frac{1}{r^2}\frac{\mathrm{d}^2 w}{\mathrm{d}r^2} + \frac{1}{r^3}\frac{\mathrm{d}w}{\mathrm{d}r} = \frac{q}{B} \tag{2-24}$$

它的通解为

$$w = A_1 \ln r + A_2 r^2 \ln r + A_3 r^2 + A_4 + w_1 \tag{2-25}$$

其中，A_1、A_2、A_3、A_4 为积分常数，w_1 为式(2-24)的一个特解。

对于窨井盖来讲，在其中心 $r=0$ 处，其挠度 w 必定为有限值，因此 A_1 必为0，于是

$$w = A_2 r^2 \ln r + A_3 r^2 + A_4 + w_1 \tag{2-26}$$

将式(2-26)代入内力表达式(2-21)中

$$M_r = -B\left(\frac{\mathrm{d}^2 w}{\mathrm{d}r^2} + \frac{\mu}{r}\frac{\mathrm{d}w}{\mathrm{d}r}\right)$$
$$= -B[2A_2(1+\mu)\ln r + (3+\mu)A_2 + 2A_3(1+\mu)]$$

为使内力在 $r=0$ 处为有限值，则 A_2 为零，于是

$$w = A_3 r^2 + A_4 + w_1 \tag{2-27}$$

窨井盖在均布荷载 q_0 的作用下，则 $q=q_0$，且均布荷载值 q_0 为已知，为使式(2-24)左右相等，设 $w_1 = Cr^4$，将其代入式(2-24)可得 $64C =$

$\frac{q_0}{B}$,即特解

$$w_1=\frac{q_0r^4}{64B}$$

此时

$$w = A_3r^2 + A_4 + \frac{q_0r^4}{64B} \tag{2-28}$$

将式(2-24)代入边界条件$(w)_{r=a}=0$,$(M_r)_{r=a}=0$ 中,可得

$$A_3 = -\frac{q_0a^2}{32B}\frac{3+\mu}{1+\mu}, A_4 = \frac{q_0a^4}{64B}\frac{5+\mu}{1+\mu} \tag{2-29}$$

于是窨井盖的挠度为

$$w = -\frac{q_0a^2}{32B}\frac{3+\mu}{1+\mu}r^2 + \frac{q_0a^4}{64B}\frac{5+\mu}{1+\mu} + \frac{q_0}{64B}r^4 \tag{2-30}$$

挠度 w 为关于 r^2 的抛物线方程,其对称轴为 $r^2=\frac{3+\mu}{1+\mu}a^2$,而 $0\leqslant r^2\leqslant a^2$,故挠度 w 的最大值发生在窨井盖中心处

$$w_{\max} = (w)_{r=0} = \frac{q_0a^4}{64B}\frac{5+\mu}{1+\mu}$$

(1)均布荷载作用下窨井盖内力的求解与分析。

由式(2-30)可知

$$\frac{\mathrm{d}w}{\mathrm{d}r} = -\frac{q_0a^2(3+\mu)}{16(1+\mu)B}r + \frac{q_0r^3}{16B}, \frac{\mathrm{d}^2w}{\mathrm{d}r^2} = -\frac{q_0a^2(3+\mu)}{16(1+\mu)B} + \frac{3q_0}{16B}r^2$$

将上式代入式(2-21)可得

$$M_r = -\frac{3+\mu}{16}q_0r^2 + \frac{3+\mu}{16}q_0a^2, M_\theta = -\frac{1+3\mu}{16}q_0r^2 + \frac{3+\mu}{16}q_0a^2$$

明显可知在窨井盖中心 $r=0$ 处,弯矩 M_r、M_θ 取最大值,且

$$(M_r)_{\max} = (M_\theta)_{\max} = \frac{3+\mu}{16}q_0a^2$$

由于挠度 w 仅为 r 的函数,因此扭矩 $M_{r\theta}$和剪力 Q_θ 恒等于 0。

剪力

$$Q_r = -B\frac{\mathrm{d}}{\mathrm{d}r}\nabla^2 w = -\frac{1}{2}q_0r$$

由上式明显可知,在窨井盖边缘 $r=a$ 处,Q_r 取得最大值$\frac{1}{2}q_0a$。

(2)均布荷载作用下窨井盖应力分量的求解与分析。

由式(2-21)和式(2-23)可知,$\tau_{r\theta}$、$\tau_{\theta r}$和 $\tau_{\theta z}$恒为 0,而

$$\sigma_r = \frac{12M_r}{h^3}z, \sigma_\theta = \frac{12M_\theta}{h^3}z$$

又因为 M_r、M_θ 为关于 r 的函数,因此 σ_r 和 σ_θ 为关于 z 的线性函数,为使 σ_r 和 σ_θ 取最大值,则在 $r=0, z=\frac{h}{2}$处有

$$(\sigma_r)_{\max} = (\sigma_\theta)_{\max} = \frac{3a^2}{8h^2}(3+\mu)q_0$$

剪应力

$$\tau_{rz} = \frac{3q_0 r}{h^3}(z^2 - \frac{h^2}{4})$$

在 $r=a, z=0$ 处取得最大值,即 $\tau_{rz} = \frac{3q_0a}{4h}$。

正应力

$$\sigma_z = -2q(\frac{1}{2} - \frac{z}{h})^2(1 + \frac{z}{h})$$

为在 $-\frac{h}{2} \leqslant z \leqslant \frac{h}{2}$范围内的单增函数,因此

$$|\sigma_z|_{\max} = |\sigma_z|_{z=-\frac{h}{2}} = q$$

即在窨井盖上表面处正应力 σ_z 取得最大值。

2. 窨井盖在集中力 P 作用下的受力计算

窨井盖在集中力作用下,其荷载以及约束仍关于 z 轴对称,也为轴对称弯曲问题。

在轴对称时,挠度 w 仅为 r 的函数,因此薄板弹性曲面微分方程式(2-16)可简化为

$$\frac{d^4w}{dr^4} + \frac{2}{r}\frac{d^3w}{dr^3} - \frac{1}{r^2}\frac{d^2w}{dr^2} + \frac{1}{r^3}\frac{dw}{dr} = \frac{q}{B} \tag{2-31}$$

它的通解为

$$w = A_1 \ln r + A_2 r^2 \ln r + A_3 r^2 + A_4 + w_1 \tag{2-32}$$

其中，A_1、A_2、A_3、A_4 为积分常数，w_1 为式(2-31)的一个特解。

对于窨井盖来讲，在其中心 $r=0$ 处，其挠度 w 必定为有限值，因此 A_1 为0，于是

$$w = A_2 r^2 \ln r + A_3 r^2 + A_4 + w_1$$

首先求特解 w_1。

可令 $q=0$，由式(2-31)可知其一特解为 $w_1=0$。此时挠度

$$w = A_2 r^2 \ln r + A_3 r^2 + A_4 \tag{2-33}$$

根据边界条件求解待定系数 A_2、A_3 和 A_4。

边界条件

$$\begin{cases} (w)_{r=a} = 0 \\ (M_r)_{r=a} = 0 \end{cases}$$

将式(2-33)代入上述边界条件可得

$$\begin{cases} (w)_{r=a} = A_2 a^2 \ln a + A_3 a^2 + A_4 = 0 \\ (M_r)_{r=a} = -B[2(1+\mu)A_2 \ln a + (3+\mu)A_2 + 2(1+\mu)A_3] = 0 \end{cases} \tag{2-34}$$

又因为窨井盖所受集中力 P 与井盖边缘所受剪力相等，即

$$P = (-2\pi r Q_r)_{r=a} = 8\pi B A_2 \tag{2-35}$$

将式(2-34)和式(2-35)联立，可得

$$A_2 = \frac{P}{8\pi B}, A_3 = -\frac{P}{16\pi B}\left(2\ln a + \frac{3+\mu}{1+\mu}\right), A_4 = \frac{Pa^2}{16\pi B}\frac{3+\mu}{1+\mu}$$

将上式代入式(2-33)可得挠度

$$w = \frac{P}{16\pi B}\left[2r^2 \ln\frac{r}{a} + \frac{3+\mu}{1+\mu}(a^2 - r^2)\right] \tag{2-36}$$

对式(2-36)求导可得

$$w' = \frac{P}{16\pi B}\left(4r\ln\frac{r}{a} - \frac{4r}{1+\mu}\right)$$

对于 $0 \leqslant r \leqslant a$，明显可知 $\ln\frac{r}{a} < 0$，则 $w' < 0$，即挠度 w 为单调递减函数，因此挠度 w 的最大值为

$$(w)_{\max} = (w)_{=0} = \frac{Pa^2}{16\pi B}\frac{3+\mu}{1+\mu}$$

(1)集中力 P 作用下窨井盖内力的求解。

由式(2-36)可知

$$\frac{\mathrm{d}w}{\mathrm{d}r} = \frac{P}{4\pi B}\left(r\ln\frac{r}{a} - \frac{r}{1+\mu}\right), \frac{\mathrm{d}^2 w}{\mathrm{d}r^2} = \frac{P}{4\pi B}\left(\ln\frac{r}{a} + \frac{\mu}{1+\mu}\right)$$

由于挠度 w 仅为关于 r 的函数,将上式代入式(2-21)可得 $M_{r\theta}$ 和 Q_θ 恒为 0,其他内力表达式如下

$$\begin{cases} M_r = -\dfrac{P}{4\pi}(1+\mu)\ln\dfrac{r}{a} \\ M_\theta = -\dfrac{P}{4\pi}\left[(1+\mu)\ln\dfrac{r}{a} + 1 - \mu\right] \\ Q_r = -\dfrac{P}{2\pi r} \end{cases} \tag{2-37}$$

(2)集中力作用下各应力分量的求解。

将式(2-37)代入式(2-23)可知 $\tau_{r\theta}$ 和 $\tau_{\theta z}$ 恒为 0,其他应力表达式如下

$$\begin{cases} \sigma_r = -\dfrac{3P}{\pi h^3}(1+\mu)z\ln\dfrac{r}{a} \\ \sigma_\theta = -\dfrac{3P}{\pi h^3}\left[(1+\mu)\ln\dfrac{r}{a} + \mu - 1\right]z \\ \tau_{rz} = -\dfrac{3P}{\pi r h^3}\left(\dfrac{h^2}{4} - z^2\right) \\ \sigma_z = -2q\left(\dfrac{1}{2} - \dfrac{z}{h}\right)^2\left(1 + \dfrac{z}{h}\right) \end{cases}$$

2.3.1.4 基于弹性力学算法求解结果

1. 窨井盖在均布荷载 q_0 作用下的受力计算结果

(1)挠度。

$$(w)_{\max} = (w)_{r=0} = \frac{q_0 a^4}{64B}\frac{5+\mu}{1+\mu} = \frac{\dfrac{1.4\times140\times10^3}{\pi\times0.36^2}\times0.36^4}{64\times\dfrac{169\times10^9\times0.04^3}{12\times(1-0.275^2)}}\times$$

$$\frac{5+0.275}{1+0.275}=5.36\times10^{-4}(\mathrm{m});$$

(2)内力。

$$\begin{cases}(M_r)_{\max}=(M_\theta)_{\max}=\dfrac{3+\mu}{16}q_0a^2=\dfrac{3+0.275}{16}\times\dfrac{1.4\times140}{\pi\times0.36^2}\times \\ \qquad 0.36^2=12.77(\mathrm{kN\cdot m}) \\ (Q_r)_{\max}=(Q_r)_{r=a}=\dfrac{1}{2}q_0a=\dfrac{1}{2}\times\dfrac{1.4\times140}{\pi\times0.36^2}\times0.36=86.65(\mathrm{kN})\end{cases}$$

(3)应力。

$$\begin{cases}(\sigma_r)_{\max}=(\sigma_\theta)_{\max}=\dfrac{3a^2}{8h^2}(3+\mu)q_0=\dfrac{3\times0.36^2}{8\times0.04^2}\times(3+0.275)\times \\ \qquad \dfrac{1.4\times140}{\pi\times0.36^2}=47\,888.23(\mathrm{kN/m^2}) \\ (\tau_{rz})_{\max}=(\tau_{rz})_{r=a,z=0}=\dfrac{3q_0r}{h^3}\left(z^2-\dfrac{h^2}{4}\right)=\dfrac{3q_0a}{4h}= \\ \qquad \dfrac{3\times\dfrac{1.4\times140}{\pi\times0.36^2}\times0.36}{4\times0.04}=3\,249.4(\mathrm{kN/m^2}) \\ |\sigma_z|_{\max}=|\sigma_z|_{z=-\frac{h}{2}}=q=\dfrac{1.4\times140}{\pi\times0.36^2}=481.4(\mathrm{kN/m^2})\end{cases}$$

2. 窨井盖在集中力 P 作用下的受力计算

(1)挠度。

$$(w)_{\max}=(w)_{=0}=\frac{Pa^2}{16\pi B}\frac{3+\mu}{1+\mu}=\frac{1.4\times140\times0.36^2\times10^3}{16\times\pi\times\dfrac{169\times10^9\times0.04^3}{12\times(1-0.275^2)}}\times$$

$$\frac{3+0.275}{1+0.275}=1.33\times10^{-3}(\mathrm{m})$$

(2)内力。

径向弯矩 M_r、切向弯矩 M_θ 和剪力 Q_r 由下式求得

$$\begin{cases} M_r = -\dfrac{P}{4\pi}(1+\mu)\ln\dfrac{r}{a} \\ M_\theta = -\dfrac{P}{4\pi}\left[(1+\mu)\ln\dfrac{r}{a}+1-\mu\right] \\ Q_r = -\dfrac{P}{2\pi r} \end{cases}$$

明显可知,都不存在最大值,仅存在最小值,即

$$\begin{cases} (M_r)_{\min} = (M_r)_{r=a} = 0 \\ (M_\theta)_{\min} = (M_\theta)_{r=a} = \dfrac{P}{4\pi}(1-\mu) = \dfrac{1.4\times 140}{4\pi}\times(1-0.275) \\ \qquad = 11.3(\mathrm{kN\cdot m}) \\ (Q_r)_{\min} = (Q_r)_{r=a} = \dfrac{P}{2\pi a} = \dfrac{1.4\times 140}{2\pi\times 0.36} = 86.7(\mathrm{kN}) \end{cases}$$

(3)应力。

各应力分量由下式求得

$$\begin{cases} \sigma_r = -\dfrac{3P}{\pi h^3}(1+\mu)z\ln\dfrac{r}{a} \\ \sigma_\theta = -\dfrac{3P}{\pi h^3}\left[(1+\mu)\ln\dfrac{r}{a}+\mu-1\right]z \\ \tau_{rz} = -\dfrac{3P}{\pi r h^3}\left(\dfrac{h^2}{4}-z^2\right) \end{cases}$$

明显可知,各应力分量都不存在最人值,仅存在最小值,且都为0。

由上可知,借助于弹性理论对窨井盖进行分析时,窨井盖在均布荷载 q_0 作用下的受力计算结果较好,窨井盖在集中力 P 作用下的受力计算结果较差。

2.3.1.5　等面积圆均布荷载作用[34,35]

除前文介绍的利用弹性力学的方法对市政窨井进行计算外,还可以尝试利用结构力学的方法进行计算。车辆与窨井盖接触面积为0.6 m×0.2 m,为简化计算可采用与接触面积相等面积的圆来进行计算与分析。

设等面积圆的半径为 r_1,则 $\pi r_1^2=0.2\times0.6$,即 $r_1=0.195$ m。

参照《实用建筑结构静力计算手册》中关于圆板的计算模型[36]，建立关于窨井盖受力的计算简图如图 2-21 所示。

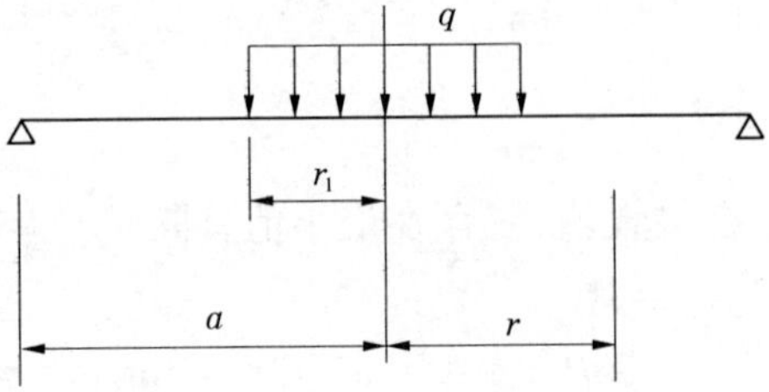

图 2-21 窨井盖受力计算简图

图 2-21 中 q 为轴对称圆形均布荷载，a 为窨井盖半径，r_1 为圆形均布荷载半径，设

$$\rho = \frac{r}{a}, \beta = \frac{r_1}{a}$$

且 $0 \leqslant r \leqslant a$，$B = \frac{Eh^3}{12(1-\mu^2)}$为窨井盖刚度，$E$ 为弹性模量，μ 为泊松比，M_r 和 M_t 分别为单位板宽的径向和切向弯矩，w 为窨井盖挠度，V_r 为剪力，则当 $0 \leqslant \rho \leqslant \beta$ 时，即 $r \leqslant r_1$ 时

$$\begin{cases} w = \dfrac{qr_1^2a^2}{64(1+\mu)B}\Big\{4(3+\mu) - (7+3\mu)\beta^2 + 4(1+\mu)\beta^2\ln\beta - \\ \qquad 2[4-(1-\mu)\beta^2 - 4(1+\mu)\ln\beta]\rho^2 + \dfrac{1+\mu}{\beta^2}\rho^2\Big\} \\ M_r = \dfrac{qr_1^2}{16}\Big[4-(1-\mu)\beta^2 - 4(1+\mu)\ln\beta - \dfrac{3+\mu}{\beta^2}\rho^2\Big] \\ M_t = \dfrac{qr_1^2}{16}\Big[4-(1-\mu)\beta^2 - 4(1+\mu)\ln\beta - \dfrac{1+3\mu}{\beta^2}\rho^2\Big] \\ V_r = -\dfrac{qa}{2}\rho \end{cases} \tag{2-38}$$

当 $\beta \leqslant \rho \leqslant 1$ 时，即 $r \geqslant r_1$ 时

$$\begin{cases} w = \dfrac{qr_1^2a^2}{32(1+\mu)B}\Big\{[2(3+\mu)-(1-\mu)\beta^2](1-\rho^2)+ \\ \qquad 2(1+\mu)\beta^2\ln\rho+4(1+\mu)\rho^2\ln\rho\Big\} \\ M_r = \dfrac{qr_1^2}{16}\Big[(1-\mu)\beta^2\Big(\dfrac{1}{\rho^2}-1\Big)-4(1+\mu)\ln\rho\Big] \\ M_t = \dfrac{qr_1^2}{16}\Big\{(1-\mu)\Big[4-\beta^2\Big(\dfrac{1}{\rho^2}+1\Big)\Big]-4(1+\mu)\ln\rho\Big\} \\ V_r = -\dfrac{qr_1}{2}\dfrac{\beta}{\rho} \end{cases} \tag{2-39}$$

1. $0\leqslant\rho\leqslant\beta$ 时窨井盖内力分析

式(2-38)中关于挠度 w 的第一个式子为关于 ρ 的函数，为求解窨井盖的挠度的最大值，需对挠度 w 求导，则

$$w' = \frac{qr_1^2a^2}{16(1+\mu)B}\Big\{\frac{1+\mu}{\beta^2}\rho^3-[4-(1-\mu)\beta^2-4(1+\mu)\ln\beta]\rho\Big\}$$

根据上式仍无法判断挠度 w 的单调性，因此需对挠度 w 求二次导数，则

$$w'' = \frac{qr_1^2a^2}{16(1+\mu)B}\Big\{3\,\frac{1+\mu}{\beta^2}\rho^2-[4-(1-\mu)\beta^2-4(1+\mu)\ln\beta]\Big\}$$

w''为关于 ρ 的函数，且在 $0\leqslant\rho\leqslant\beta$ 范围内单调递增，又 w''在 ρ 取 0 时明显为负值，w''在 ρ 取 β 时仍小于 0，因此 w'为单调递减函数。

又$(w')_{\max}=(w')_{\rho=0}=0$，因此 $w'\leqslant 0$，则挠度函数 w 为单调递减函数，则

$$(w)_{\max} = (w)_{\rho=0} = \frac{qr_1^2a^2}{64(1+\mu)B}[4(3+\mu)-(7+3\mu)\beta^2+ 4(1+\mu)\beta^2\ln\beta]$$

$$(w)_{\min} = (w)_{\rho=\beta} = \frac{qr_1^2a^2}{32(1+\mu)B}[2(3+\mu)-(7+\mu)\beta^2+ 6(1+\mu)\beta^2\ln\beta+(1-\mu)\beta^4]$$

径向弯矩 M_r 为关于 ρ 的函数，在 $0\leqslant\rho\leqslant\beta$ 上明显为单调递减函数，则

$$(M_r)_{\max} = (M_r)_{\rho=0} = \frac{qr_1^2}{16}[4 - (1-\mu)\beta^2 - 4(1+\mu)\ln\beta]$$

$$(M_r)_{\min} = (M_r)_{\rho=\beta} = \frac{qr_1^2}{16}[(1-\mu)(1-\beta^2) - 4(1+\mu)\ln\beta]$$

切向弯矩 M_t 为关于 ρ 的函数，在 $0\leqslant\rho\leqslant\beta$ 上明显为单调递减函数，则

$$(M_t)_{\max} = (M_t)_{\rho=0} = \frac{qr_1^2}{16}[4 - (1-\mu)\beta^2 - 4(1+\mu)\ln\beta]$$

$$(M_t)_{\min} = (M_t)_{\rho=\beta} = \frac{qr_1^2}{16}[(1-\mu)(3-\beta^2) - 4(1+\mu)\ln\beta]$$

剪力 V_r 为关于 ρ 的函数，在 $0\leqslant\rho\leqslant\beta$ 上明显为单调函数，则

$$|V_r|_{\max} = |V_r|_{\rho=\beta} = \frac{qa}{2}\beta = \frac{qr_1}{2}$$

$$|V_r|_{\min} = |V_r|_{\rho=0} = 0$$

2. $\beta\leqslant\rho\leqslant1$ 时窨井盖内力分析

式(2-39)中关于挠度 w 的第一个式子为关于 ρ 的函数，为求解窨井盖的挠度的最大值，需对挠度 w 求导，则

$$w' = \frac{qr_1^2a^2}{16(1+\mu)B}\left\{[(1-\mu)\beta^2-4]\rho + 4\rho(1+\mu)\ln\rho + \frac{1+\mu}{\rho}\beta^2\right\}$$

根据上式仍无法判断挠度 w 的单调性，因此需对挠度 w 求二次导数，则

$$w'' = \frac{qr_1^2a^2}{16(1+\mu)B}\left[4\mu + (1-\mu)\beta^2 + (1+\mu)\left(4\ln\rho - \frac{\beta^2}{\rho^2}\right)\right]$$

上式也为关于 ρ 的函数，而 $4\ln\rho - \dfrac{\beta^2}{\rho^2}$ 明显为单调递增函数，因此上式也为关于 ρ 的单调递增函数，而

$$(w'')_{\min} = (w'')_{\rho=\beta} = \frac{qr_1^2a^2}{16(1+\mu)B}[4\mu + (1-\mu)\beta^2 + (1+\mu)(4\ln\beta - 1)] > 0$$

因此 w' 为单调递增函数，而

$$(w')_{\max} = (w')_{\rho=1} = \frac{qr_1^2 a^2}{8(1+\mu)B}(\beta^2-2) < 0$$

所以挠度 w 在 $\beta \leqslant \rho \leqslant 1$ 范围内为单调递减函数，则

$$(w)_{\max} = (w)_{\rho=\beta} = \frac{qr_1^2 a^2}{32(1+\mu)B}[2(3+\mu) - (7+\mu)\beta^2 + (1-\mu)\beta^4 + 6(1+\mu)\beta^2 \ln\beta]$$

$$(w)_{\min} = (w)_{\rho=1} = 0$$

径向弯矩 M_r 为关于 ρ 的函数，在 $\beta \leqslant \rho \leqslant 1$ 范围内

$$M_r' = \frac{qr_1^2}{8}\left[-(1-\mu)\frac{\beta^2}{\rho^3} - 2\frac{1+\mu}{\rho}\right] < 0$$

上式恒成立，即 M_r 为单调递减函数

$$(M_r)_{\max} = (M_r)_{\rho=\beta} = \frac{qr_1^2}{16}[(1-\mu)(1-\beta^2) - 4(1+\mu)\ln\beta]$$

$$(M_r)_{\min} = (M_r)_{\rho=1} = 0$$

切向弯矩 M_t 为关于 ρ 的函数，在 $\beta \leqslant \rho \leqslant 1$ 范围内

$$M_t' = \frac{qr_1^2}{8}\frac{1}{\rho}\left[(1-\mu)\frac{\beta^2}{\rho^2} - 2(1+\mu)\right]$$

而 $\frac{1}{\rho}$ 和 $\frac{\beta^2}{\rho^2}$ 都为单调递减函数，所以 M_t' 也为单调递减函数，则

$$(M_t')_{\max} = (M_t')_{\rho=\beta} = -\frac{qr_1^2}{8}\frac{1+3\mu}{\beta} < 0$$

所以，切向弯矩 M_t 在 $\beta \leqslant \rho \leqslant 1$ 范围内为单调递减函数，则

$$(M_t)_{\max} = (M_t)_{\rho=\beta} = \frac{qr_1^2}{16}[(1-\mu)(3-\beta^2) - 4(1+\mu)\ln\beta]$$

$$(M_t)_{\min} = (M_t)_{\rho=1} = \frac{qr_1^2}{8}(1-\mu)(2-\beta^2)$$

剪力 V_r 为关于 ρ 的函数，在 $\beta \leqslant \rho \leqslant 1$ 上明显为单调函数，则

$$|V_r|_{\max} = |V_r|_{\rho=\beta} = \frac{qr_1}{2}$$

$$|V_r|_{\min} = |V_r|_{\rho=1} = \frac{qr_1}{2}\beta$$

2.3.1.6　等面积圆均布荷载作用下求解结果

1. $0\leqslant\rho\leqslant\beta$

(1)挠度。

$$\begin{cases}(w)_{max}=(w)_{\rho=0}=\dfrac{qr_1^2a^2}{64(1+\mu)B}[4(3+\mu)-(7+3\mu)\beta^2+\\ \qquad 4(1+\mu)\beta^2\ln\beta]\\ \quad =9.9\times10^{-4}(\mathrm{m})\\ (w)_{min}=(w)_{\rho=\beta}=\dfrac{qr_1^2a^2}{32(1+\mu)B}[2(3+\mu)-(7+\mu)\beta^2+\\ \qquad 6(1+\mu)\beta^2\ln\beta+(1-\mu)\beta^4]\\ \quad =6.3\times10^{-4}(\mathrm{m})\end{cases}$$

(2)内力。

$$\begin{cases}(M_r)_{max}=(M_r)_{\rho=0}=\dfrac{qr_1^2}{16}[4-(1-\mu)\beta^2-4(1+\mu)\ln\beta]\\ \quad =26.83(\mathrm{kN\cdot m})\\ (M_r)_{min}=(M_r)_{\rho=\beta}=\dfrac{qr_1^2}{16}[(1-\mu)(1-\beta^2)-4(1+\mu)\ln\beta]\\ \quad =14.11(\mathrm{kN\cdot m})\\ (M_t)_{max}=(M_t)_{\rho=0}=\dfrac{qr_1^2}{16}[4-(1-\mu)\beta^2-4(1+\mu)\ln\beta]\\ \quad =26.83(\mathrm{kN\cdot m})\\ (M_t)_{min}=(M_t)_{\rho=\beta}=\dfrac{qr_1^2}{16}[(1-\mu)(3-\beta^2)-4(1+\mu)\ln\beta]\\ \quad =19.74(\mathrm{kN\cdot m})\\ |V_r|_{max}=|V_r|_{\rho=\beta}=\dfrac{qa}{2}\beta=\dfrac{qr_1}{2}=159.25(\mathrm{kN})\\ |V_r|_{min}=|V_r|_{\rho=0}=0\end{cases}$$

2. $\beta\leqslant\rho\leqslant1$

(1)挠度。

$$
\begin{cases}
(w)_{\max} = (w)_{\rho=\beta} = \dfrac{qr_1^2 a^2}{32(1+\mu)B}[2(3+\mu) - (7+\mu)\beta^2 + \\
\qquad 6(1+\mu)\beta^2\ln\beta + (1-\mu)\beta^4] \\
\quad = 6.3 \times 10^{-4}(\mathrm{m}) \\
(w)_{\min} = (w)_{\rho=1} = 0
\end{cases}
$$

(2)内力。

$$
\begin{cases}
(M_r)_{\max} = (M_r)_{\rho=\beta} = \dfrac{qr_1^2}{16}[(1-\mu)(1-\beta^2) - 4(1+\mu)\ln\beta] \\
\quad = 14.11(\mathrm{kN \cdot m}) \\
(M_r)_{\min} = (M_r)_{\rho=1} = 0 \\
(M_t)_{\max} = (M_t)_{\rho=\beta} = \dfrac{qr_1^2}{16}[(1-\mu)(3-\beta^2) - 4(1+\mu)\ln\beta] \\
\quad = 19.74(\mathrm{kN \cdot m}) \\
(M_t)_{\min} = (M_t)_{\rho=1} = \dfrac{qr_1^2}{8}(1-\mu)(2-\beta^2) = 9.60(\mathrm{kN \cdot m}) \\
|V_r|_{\max} = |V_r|_{\rho=\beta} = \dfrac{qr_1}{2} = 159.25(\mathrm{kN}) \\
|V_r|_{\min} = |V_r|_{\rho=1} = \dfrac{qr_1}{2}\beta = 86.31(\mathrm{kN})
\end{cases}
$$

2.3.1.7　不同假设情况下计算结果比较

在进行窨井盖受力分析时,本书分别在三种不同的荷载作用形式下进行计算,结果见表2-1。

由表2-1可知,窨井盖在均布荷载 q_0 作用下的挠度、弯矩和剪力值相对于在集中荷载 P 和局部均布荷载 q 作用下的值均较小;窨井盖在中心集中荷载 P 作用下的挠度和剪力计算数值均较大,但弯矩计算值介于均布荷载 q_0 和局部均布荷载 q 作用下的弯矩计算值之间;窨井盖在等面积圆均布荷载 q 作用下的挠度和剪力值分别介于均布荷载 q_0 和集中荷载 P 的挠度和剪力计算值之间。总体上比较,窨井盖受力计算在等面积圆均布荷载作用下进行较为合理。

表 2-1　不同荷载作用形式下计算结果比较

比较项		均布荷载 q_0	集中荷载 P	局部均布荷载 q
挠度(m)	$r=\frac{a}{2}$	3.77×10^{-4}	8.19×10^{-4}	5.32×10^{-4}
	$r=0$	5.36×10^{-4}	1.33×10^{-3}	9.9×10^{-4}
	$r=a$	0	0	0
弯矩 M_r (kN·m)	$r=\frac{a}{2}$	9.59	13.79	16.18
	$r=0$	12.78	—	26.83
	$r=a$	0	0	0
剪力(kN/m)	$r=\frac{a}{2}$	43.35	173.4	147
	$r=0$	0	—	0
	$r=a$	86.7	86.7	86.0

2.3.2　窨井井体结构计算[37,38]

为了节约耕地、保护环境,限制黏土砖的应用已是我国工程建设的基本政策,近年来,各地预制混凝土窨井的应用逐渐增多,相继出现了各种形式的窨井。但混凝土窨井的结构尚没有一个规范的设计计算方法。各地窨井生产制造部门自行设计,大多依照经验或参照圆形钢筋混凝土管的配筋作为圆形混凝土窨井的配筋。因此,应该制定出一种适合于混凝土窨井的结构计算方法,使得混凝土窨井的配筋能科学和合理,使用时安全可靠。

2.3.2.1　井体计算条件

混凝土窨井的结构计算一般是在断面尺寸已定的情况下,按不同的使用状况,选择最不利的条件进行强度复核。

窨井结构上的作用,按其性质分为永久作用和可变作用。永久作用包括结构自重、土压力(竖向和侧向)、窨井内水重、地基不均匀沉降等。可变作用包括地面车辆荷载、地面堆积荷载等,结构计算中,通常取两者较大值为可变作用荷载。在窨井结构计算中,地面至结构计算断面距离极小，地面车辆荷载作用远大于地面堆积荷载，故计算中不考虑地面堆积荷载的作用。

对永久作用，采用标准值作为代表值；对可变作用，应根据设计要求采用标准值、常遇值或准永久值作为代表值。窨井结构计算中以标准值作为可变作用的代表值。

1. 窨井结构上的永久作用标准值

作用在窨井上的竖向土压力标准值：

$$F_{sv,k} = 1.2\gamma_s Z \tag{2-40}$$

式中　γ_s——回填土的重力密度，kN/m^3，取 18 kN/m^3；

Z——地面至结构计算断面的深度，m。

作用在窨井上的侧向土压力标准值应按主动土压力计算：

$$F_{ep,k} = \frac{1}{3}\gamma_s Z \tag{2-41}$$

窨井内无水是结构受力的不利状态，因此检窨井结构计算时，以井中无水为计算条件。

2. 窨井结构上的可变作用标准值

车辆荷载单个轮压的竖向压力标准值 q_{vk} 按式(2-42)计算：

$$q_{vk} = \frac{\mu_d Q_{vk}}{(a + 1.4Z)(b + 1.4Z)} \tag{2-42}$$

式中　μ_d——动力系数(其值见表 2-2)；

Q_{vk}——汽车荷载竖向轮压力，kN；

a——车轮的着地分布长度，m；

b——车轮的着地分布宽度，m。

表 2-2　轮压动力系数 μ_d

地面至结构顶(m)	<0.25	0.25	0.30	0.40	0.50	0.60	≥0.70
动力系数 μ_d	1.40	1.30	1.25	1.20	1.15	1.05	1.00

检查井的竖向轮压力宜按汽车－超 20 级单个轮压计算，Q_{vk} = 140 kN；μ_d = 1.4；a = 0.2；b = 0.6。

2.3.2.2　井体结构计算算例

设某一窨井为钢筋混凝土结构窨井，井深 $h=3$ m，混凝土井壁厚 $d=0.12$ m，井周回填土重度 $\gamma_s=18$ kN/m^3。

由于车辆荷载是主要荷载，在对窨井井体进行结构计算时，需考虑车辆荷载作用在不同位置时的状况，本书分以下两个作用位置进行计算。

1. 车辆后轮与窨井某一侧接触

1）土压力

（1）地面车辆荷载产生的侧向土压力 $q_{hz,k}$。

在窨井一侧作用的车辆轮压向下传递时，受到窨井的阻隔，因此下式中 b 向的轮压传递扩散系数改为 0.7。

$$q_{hz,k}=\frac{1}{3}q_{vk}=\frac{1}{3}\frac{\mu_d Q_{vk}}{(a+1.4Z)(b+0.7Z)}$$

$$=\frac{1}{3}\frac{1.4\times 140}{(0.2+1.4Z)(0.6+0.7Z)}$$

根据上式可算出在不同深度时，由轮压作用产生的侧向土压力。

（2）土荷载产生的侧向土压力 $F_{ep,k}$。

$$F_{ep,k}=\frac{1}{3}\gamma_s Z=\frac{1}{3}\times 18Z=6Z$$

根据上述公式可算出不同深度时由土荷载产生的侧向土压力。

2）应力计算

（1）由轮压荷载侧向土压力产生的弯矩和应力。

由轮压荷载产生的侧向土压力作用于窨井的受力状态如图 2-22 所示。

轮压荷载所产生的 $q_{hz,k}$ 作用于右侧时，左侧相应会产生大小相等、方向相反的力。在这两个力的作用下，产生压缩变形倾向，如图 2-22 中 D、D' 点产生上下的变形。在这些力的作用下，C、C'、D、D' 点产生的弯矩由下式计算

$$\begin{cases} M_C=M_{C'}=\dfrac{q_{hz,k}}{8}r_0^2 \\ M_D=M_{D'}=-\dfrac{q_{hz,k}}{8}r_0^2 \end{cases}$$

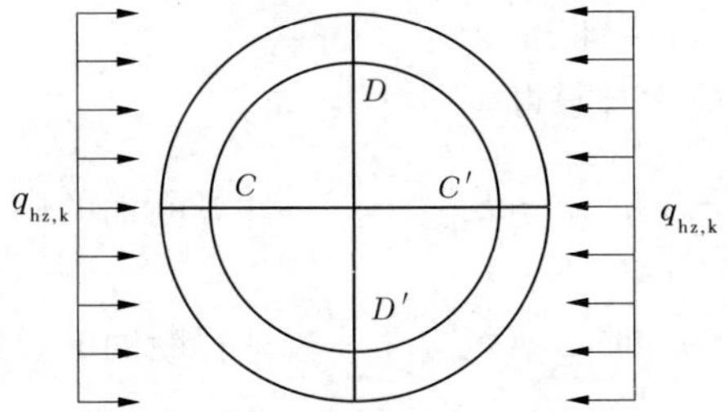

图 2-22　轮压荷载产生的侧向土压力作用下窨井受力状态

按以上弯矩,各点应力可用下式算出

$$\sigma = \frac{M}{W}$$

式中　W——应力计算位置的截面系数,$W = \frac{d^2}{6}$;

r_0——应力计算位置的平均半径,$r_0 = \frac{r_1 + r_2}{2}$。

计算结果见表 2-3。

表 2-3　轮压荷载作用下产生的弯矩和应力

Z(m)	$q_{hz,k}$(kN/m²)	r_0(m)	M_C(kN·m)	d(m)	W(m²)	σ(kN/m²)
0.5	76.41	0.41	1.61	0.12	0.002 4	670.83
1.0	29.56	0.41	0.62	0.12	0.002 4	258.33
1.5	17.22	0.41	0.36	0.12	0.002 4	150.00
2.0	10.89	0.41	0.23	0.12	0.002 4	95.83
2.5	8.68	0.41	0.18	0.12	0.002 4	75.00
3.0	5.50	0.41	0.12	0.12	0.002 4	50.00

(2)由土荷载侧向土压力产生的应力。

侧向土压力产生的应力计算一般式为

$$\sigma = F_{ep,k} \frac{r_2^2 (r_1^2 + r^2)}{r^2 (r_2^2 - r_1^2)}$$

式中　r——应力计算断面的任意半径，m；

r_1——应力计算断面内半径，m；

r_2——应力计算断面外半径，m。

当上式中 $r=r_1$ 时，$\sigma = F_{ep,k}\dfrac{2r_2^2}{r_2^2-r_1^2}$，计算断面的内边缘应力；

当上式中 $r=r_2$ 时，$\sigma = F_{ep,k}\dfrac{r_2^2+r_1^2}{r_2^2-r_1^2}$，计算断面的外边缘应力。

计算结果见表 2-4。

表 2-4　土荷载侧向土压力产生的应力

Z(m)	$F_{ep,k}$ (kN/m²)	r_1 (m)	r_2 (m)	$F_{ep,k}\dfrac{2r_2^2}{r_2^2-r_1^2}$ (kN/m²)	$F_{ep,k}\dfrac{r_2^2+r_1^2}{r_2^2-r_1^2}$ (kN/m²)
0. 5	3. 00	0. 35	0. 47	13. 25	10. 30
1. 0	6. 00	0. 35	0. 47	26. 51	20. 60
1. 5	9. 00	0. 35	0. 47	39. 76	30. 91
2. 0	12. 00	0. 35	0. 47	53. 02	41. 21
2. 5	15. 00	0. 35	0. 47	66. 27	51. 51
3. 0	18. 00	0. 35	0. 47	79. 52	61. 81

C 点和 D 点的合计应力值分别见表 2-5 和表 2-6。

2. 车辆后轮作用于窨井盖中央

车轮接地形状为矩形（轮胎接地宽度 $b=0.6$ m，接地长度 $a=0.2$ m），为便于计算，可用面积相等的圆置换。

1）由轮压荷载侧向土压力产生的弯矩和应力

由于车轮荷载作用于窨井盖中央，井体上下部受到大小相等、方向（铅垂方向）相反的压力，因此不产生弯矩。

表 2-5　C 点合计应力值　（单位：kN/m²）

Z(m)	轮压荷载		土荷载		合计	
	内缘	外缘	内缘	外缘	内缘	外缘
0.5	670.83	-670.83	-13.25	-10.30	657.58	-681.13
1.0	258.33	-258.33	-26.51	-20.60	231.82	-278.93
1.5	150.00	-150.00	-39.76	-30.91	110.24	-180.91
2.0	95.83	-95.83	-53.02	-41.21	42.81	-137.04
2.5	75.00	-75.00	-66.27	-51.51	8.73	-126.51
3.0	50.00	-50.00	-79.52	-61.81	-29.52	-111.81

表 2-6　D 点合计应力值　（单位：kN/m²）

Z(m)	轮压荷载		土荷载		合计	
	内缘	外缘	内缘	外缘	内缘	外缘
0.5	-670.83	670.83	-13.25	-10.30	-684.08	660.53
1.0	-258.33	258.33	-26.51	-20.60	-284.84	237.73
1.5	-150.00	150.00	-39.76	-30.91	-189.76	119.09
2.0	-95.83	95.83	-53.02	-41.21	-148.85	54.62
2.5	-75.00	75.00	-66.27	-51.51	-141.27	23.49
3.0	-50.00	50.00	-79.52	-61.81	-129.52	-11.81

2）由土荷载侧向土压力产生的应力

本部分计算同车辆荷载作用于窨井某一侧，其计算结果见表 2-3。

2.3.2.3　井体抗压能力计算

在车辆荷载和土压力作用下，窨井井体不仅需要进行抗弯剪能力计算，还需进行井体抗压能力计算。

窨井井体为等厚度圆筒，车辆作用在井盖上时，荷载通过井框传递到井体上部，因此井体受到轴向的压力，进行井体抗压能力计算时，设井体埋置深度为 3 m，混凝土井壁厚度为 0.12 m，井体内径为 0.7 m，则

$$\varphi f_{cz}A_c \geqslant G_{cl} + G_{jg} + G_{jt} = \mu_d Q_{vk} + k_{jg}mg + k_{jt}\frac{\pi}{4}(d_w^2 - d_n^2)Z\gamma_c$$

式中 φ——长细比,$\varphi=1$;

f_{cz}——混凝土井体不同深度的抗压强度最小值,kN/m^2;

A_c——混凝土井体受压面积,m^2;

G_{jg}——窨井井盖重量标准值,kN;

k_{jg}——窨井井盖重量计算系数;

mg——窨井井盖重量;

G_{jt}——窨井井体重量标准值,kN;

k_{jt}——窨井井体自重计算系数,取 1.1;

d_w——窨井底板外径,m;

d_n——窨井底板内径,m;

Z——窨井不同深度,m;

γ_c——窨井井体自重密度,kN/m^3;

G_{cl}——车辆荷载标准值,kN;

μ_d——汽车动力系数,本书取 1.4;

Q_{vk}——汽车单个后轮轮压标准值,kN。

则井体不同深度处混凝土强度

$$f_{cz} \geqslant \frac{\mu_d Q_{vk} + k_{jg} mg + k_{jt} \dfrac{\pi}{4}(d_w^2 - d_n^2) Z \gamma_c}{A_c} \geqslant 636.24 + 27.5Z(\mathrm{kN/m^2})$$

当 $Z=3$ m 时,此处混凝土强度最小值 $f_{cz} \geqslant 636.24+27.5\times 3=718.74(\mathrm{kN/m^2})$。

2.3.3 窨井圆形底板结构计算[39-41]

窨井底板是窨井结构的基础,只有在保证基础安全稳定的情况下,市政窨井才能正常工作。对窨井底板,有车辆荷载、底板上部的检查井部件重量之和、竖向土压力及可能存在的水压力等作用力,其中,地面荷载以车辆直压于井盖上作用力最大。竖向土压力、车轮荷载及检查井重量等作用于检查井底板周边。

图 2-23 为窨井圆形底板计算简图。板上荷载包括孔边分布荷载

P_d 和板面均布荷载 q_d。

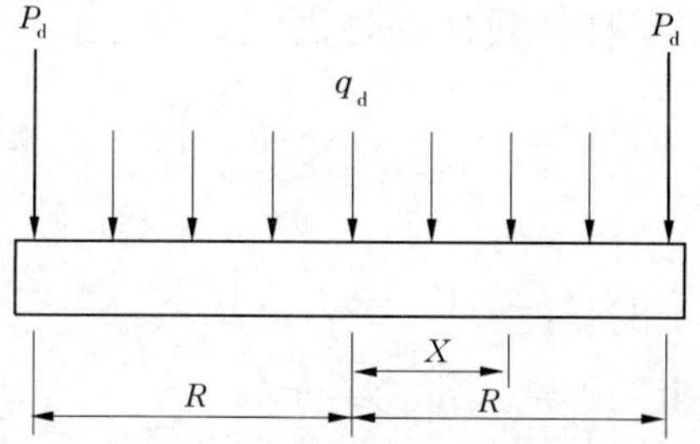

图 2-23　窨井圆形底板计算简图

2.3.3.1　窨井圆形底板内力计算

窨井圆形底板内力计算公式是按位于弹性地基上薄板理论推导的。窨井底板上的作用力由周边分布荷载和板面均布荷载组合而成，通过分别计算检查窨井底板边缘分布荷载和窨井底板板面均布荷载的内力并叠加而得。

周边分布荷载在板中产生的内力（弯矩）使板面上缘受拉（负弯矩）；板面均布荷载在板中产生的内力（弯矩）使板面下缘受拉（正弯矩），二者叠加使检查井底板内力减小。实际运行过程中，井内可能无水，板上无均布荷载作用，从计算可知，板面均布荷载产生的弯矩较小，为简化计算和安全考虑，结构设计中可不计此项荷载，只须计算周边分布荷载的作用弯矩。

计算公式如下：

（1）切向弯矩计算公式

$$M_{td} = K_{Mt} P_d R$$

（2）径向弯矩计算公式

$$M_{rd} = K_{Mr} P_d R$$

式中　M_{td}——作用于窨井底板上的切向弯矩，kN · m；

M_{rd}——作用于窨井底板上的径向弯矩，kN · m；

K_{Mt}——切向弯矩计算系数；

K_{Mr}——径向弯矩计算系数；

P_d——窨井底板圆周边缘分布荷载，kN；

R——窨井底板支承点半径，m。

(3)检查井底板柔性指数计算公式

$$S=\frac{3(1-v_c^2)}{1-v_0^2}\frac{E_0}{E_c}\left(\frac{R}{t}\right)^3$$

式中 S——圆板的柔性指数；

E_c——混凝土的弹性模量，N/mm^2；

E_0——地基土的弹性模量，N/mm^2；

v_c——钢筋混凝土的泊松系数，取0.166 7；

v_0——地基土的泊松系数，取0.4；

t——窨井底板厚度，m。

(4)计算点位置系数计算公式

$$\rho=\frac{x}{R}$$

式中 ρ——计算点位置系数；

x——计算点至窨井底板中心的距离，m。

计算时，首先根据检查井底板的柔性指数及计算点位置系数从《给水排水工程结构设计手册》[42]中查表获得弯矩计算系数，然后采用插入法得到每个计算点所对应的 K_{Mt} 和 K_{Mr}，最后代入上述弯矩公式进行计算。

2.3.3.2 窨井底板内力计算算例

某一窨井底板外径为1 180 mm，井体内径为700 mm，底板厚度为100 mm，底板埋置深度为3 m，井体壁厚为240 mm。

1. 荷载计算

窨井井体重量计算

$$\begin{aligned}G_{jt}&=k_{jt}\frac{\pi}{4}(d_w^2-d_n^2)H\gamma_c\\&=1.1\times\frac{\pi}{4}\times(1.18^2-0.7^2)\times3\times25\\&=58.44(kN)\end{aligned}$$

式中 G_{jt}——窨井井体重量标准值，kN；

k_{jt}——窨井自重计算系数,取 1.1;

d_w——窨井底板外径,m;

d_n——窨井底板内径,m;

H——窨井底板埋设深度,m;

γ_c——窨井井体自重密度,kN/m^3。

2. 窨井盖重量计算

窨井盖选择标准图集《井盖及踏步》(97S501—1)中的ϕ700(ZQ)重型球墨铸铁井盖(A),其材质为 QT500 - 7,质量为 53 kg。

$$G_{jg} = k_{jg}mg = 1.1 \times 53 \times 10 = 0.583(\text{kN})$$

式中　G_{jg}——井盖荷载标准值,kN;

k_{jg}——井盖自重计算系数。

3. 车辆车轮荷载计算

$$G_{cl} = \mu_d Q_{vk} = 1.4 \times 140 = 196(\text{kN})$$

式中　G_{cl}——车辆荷载标准值,kN;

μ_d——汽车动力系数,本书取 1.4;

Q_{vk}——汽车单个后轮轮压标准值,kN。

4. 窨井底板边缘分布荷载计算

$$\begin{aligned} P_d &= (G_{jt} + G_{jg} + G_{cl})/T_z \\ &= (58.44 + 0.583 + 196)/(3.14 \times 0.94) = 86.4(\text{kN/m}) \end{aligned}$$

式中　P_d——窨井底板边缘荷载标准值,kN/m;

T_z——窨井底板边缘受载圆周长,m。

5. 窨井底板柔性指数计算

$$\begin{aligned} S &= \frac{3(1 - v_c^2)}{1 - v_0^2} \frac{E_0}{E_c}\left(\frac{R}{t}\right)^3 \\ &= \frac{3 \times (1 - 0.1667^2)}{1 - 0.4^2} \times \frac{1\,550}{3 \times 10^4} \times \left(\frac{0.47}{0.1}\right)^3 \\ &= 18.625 \end{aligned}$$

6. 计算点位置系数、弯矩系数

离检查井底板中心不同半径 x 处的弯矩系数 K_{Mt} 和 K_{Mr} 通过内插法计算得到,结果见表 2-7。

表 2-7 各计算点弯矩系数及弯矩计算结果

ρ	0	0.1	0.2	0.3	0.4	0.5	0.6	0.7	0.8	0.9	1.0
X (mm)	0	47	94	141	188	235	282	329	376	423	470
$S_t=10$	-0.105 9	-0.106 3	-0.107 5	-0.109 3	-0.111 4	-0.113 5	-0.115 0	-0.114 8	-0.111 7	-0.103 1	-0.081 8
$S_t=30$	-0.032 8	-0.033 5	-0.035 5	-0.038 9	-0.043 5	-0.049 1	-0.055 2	-0.060 8	-0.064 2	-0.062 3	-0.049 3
K_{Mt}	-0.074 4	-0.074 9	-0.076 5	-0.078 9	-0.082 1	-0.085 7	-0.089 2	-0.091 5	-0.091 2	-0.085 5	-0.067 8
M_{td}	-3.021 2	-3.041 5	-3.106 5	-3.204 0	-3.334 0	-3.480 1	-3.622 2	-3.715 6	-3.703 4	-3.472 0	-2.753 2
$S_r=10$	-0.105 9	-0.106 8	-0.109 2	-0.112 8	-0.116 8	-0.120 0	-0.120 6	-0.115 7	-0.100 6	-0.067 0	0
$S_r=30$	-0.032 8	-0.034 2	-0.038 6	-0.045 7	-0.055 2	-0.066 3	-0.077 4	-0.085 4	-0.084 3	-0.062 9	0
K_{Mr}	-0.074 4	-0.075 5	-0.078 8	-0.083 9	-0.090 2	-0.096 8	-0.102 0	-0.102 6	-0.093 6	-0.065 2	0
M_{rd}	-3.021 2	-3.066 0	-3.199 9	-3.407 0	-3.662 8	-3.930 9	-4.142 0	-4.166 4	-3.800 9	-2.647 6	0

2.4　本章小结

本章在充分调研的基础上,系统归纳分析了市政窨井普遍存在的主要病害形式,即窨井盖框下沉或凸起、窨井周边路面沉降与碎裂、窨井盖框区域破碎、窨井盖倾斜、窨井盖破裂、窨井盖异响、井周路面破裂、井周修复面与路面产生较大裂缝和窨井井筒病害等,并分别从设计和施工方面剖析了可能导致窨井病害的原因。根据土力学、结构力学、弹性力学等理论方法对窨井盖、窨井井体以及窨井混凝土底板的受力进行了详细的分析计算,得到了窨井盖、井体和底板在车辆荷载作用下的受力规律,为窨井各构件合理设计奠定了理论基础。

第 3 章　市政窨井设计方法研究

3.1 引　言

窨井是市政公用管道必不可少的构筑物,随着经济社会的快速发展,窨井各类设施的破坏量和需求量都不断增大,每年市政管理部门都需要投入大量的资金用于窨井的养护维修。随着城镇化的快速推进,城市交通量急剧增长,而大部分窨井建造年代较为久远,在承受高密度的交通车辆的情况下,极易发生破坏。而近年来,城市内涝现象越来越严重,这对城市排水管道建设提出了更高的要求,而起连接检查作用的市政窨井也需配套高标准的城市排水设施。在此环境下,针对窨井病害、施工和改进设计的研究越来越多,窨井各类构件的设计和计算已引起更高程度的关注。

现行的窨井结构图册多是根据 20 世纪 70 年代的标准图集编著的,普遍存在比如埋设深度不够、部分构件配筋不合理和地质条件考虑不充分等问题。各市政管养部门在进行市政窨井的设计施工时不能完全死搬标准图集,应根据本地的地质条件、施工条件和交通条件科学布置窨井位置,选择合理的窨井形式、埋设深度和施工方法等。

3.2 基于可靠性理论的窨井设计方法[43-45]

工程结构设计从总体上可以分为两步:第一步是调查研究,在满足预定功能的条件下,进行可行性分析比较,选择合理的结构总体布置、结构方案和形式;第二步是根据选定的结构形式,设计结构各构件的截面和可行的施工方案。结构设计应使所设计的结构在设计基准期内,经济、合理地满足下列要求:①能够承受正常施工和正常使用期间可能出现的各种作用(包括荷载以及外加变形或约束变形等);②在正常使用时具有良好的工作性能;③在正常维修和养护下,具有足够的耐久性;④在偶然事件(如地震、爆炸等)发生时及发生后,能够保持必要的整体稳定性。

上述关系到人身和财产安全的属于结构安全性,如①和④;关系到结构适用性能的称为适用性,如②;关系到结构的维修和养护性能的称为耐久性,如③。结构的安全性、适用性和耐久性三者总称为结构的可靠性。度量结构可靠性的指标称为可靠度。

在结构工程中存在着大量不确定性因素和信息,它们直接影响着结构的可靠性,是结构可靠性研究的基础。影响工程结构可靠性的事物不确定性主要有以下三个方面:①事物的随机性;②事物的模糊性;③事物的灰色性。

3.2.1 工程结构可靠度的基本概念

结构设计的目的是保证所设计的结构在规定的时间内和规定的条件下能够完成设计预定的各种功能,同时还应尽量降低结构的建造、使用和维修费用,达到安全可靠、耐久适用、经济合理、保证质量、技术先进的要求。对结构进行设计,需要考虑与设计有关的各种参数。结构的设计参数从总体上主要分为两大类:一类是施加在结构上的直接作用或引起结构外加变形或约束变形的间接作用,这些作用引起的结构或构件的内力、变形等称为作用效应或荷载效应,一般用 S 表示;另一类则是结构或构件及其材料承受效应的能力,称为抗力,抗力取决于材料强度、截面尺寸、连接条件等,一般用 R 表示。

3.2.1.1 结构的极限状态

在结构的施工和使用过程中,结构是以可靠(安全、适用、耐久)和失效(不安全、不适用、不耐久)两种状态存在的,在结构可靠度分析和设计中,为了正确描述结构的工作状态,就必须明确规定结构可靠和失效的界限(结构模糊可靠度分析除外),定义的分界界限称为结构的极限状态。我国《工程结构可靠度设计统一标准》(GB 50153—2008)对结构极限状态的定义为:整个结构或结构的一部分超过某一特定的状态就不能满足设计规定的某一功能要求，此特定的状态为该结构的极限状态。结构的极限状态实质上是结构工作状态的一个阈值，若超过该阈值，则结构处于不安全、不耐久或不适用的状态；若没有超过这一阈值，则结构处于安全、耐久、适用的状态。

1. 承载能力极限状态

承载能力极限状态与结构系统的最大承载力有关，它对应于结构或结构构件达到最大承载力或不适于继续承载的变形。当结构或结构构件出现下列状态之一时，即认为超过了承载能力极限状态。

(1)整个结构或结构的一部分作为刚体失去平衡（如倾覆、滑动等）。

(2)结构构件或其连接因材料强度被超过而破坏（包括疲劳破坏），或因过度的塑性变形而不适于继续承载。

(3)结构转变为机动体系。

(4)结构或结构构件丧失稳定性（如压屈等）。

2. 正常使用极限状态

正常使用极限状态与满足结构功能要求和满足控制正常使用及耐久性准则的结构的能力有关。它对应于结构或结构构件达到正常使用或耐久性能的某项规定限值。当结构或结构构件出现下列状态之一时，即认为超过了正常使用极限状态：

(1)影响正常使用或外观的变形。

(2)影响正常使用或耐久性能的局部损坏（包括裂缝）。

(3)影响正常使用的振动。

(4)影响正常使用的其他特定状态。

在结构设计时，应考虑到所有相应的极限状态，以保证结构具有足够的安全性、耐久性和适用性。通常的方法是，按最危险的极限状态来设计，然后校核其余的各极限状态不致被超过。如对于腐蚀环境中的钢筋混凝土结构，除需保证结构的承载能力外，还必须保证结构具有足够的耐久性等。

3.2.1.2 结构可靠度

结构可靠度是结构可靠性的概率度量，定义为在规定时间内和规定条件下结构完成预定功能的概率，也称可靠概率，表示为 P_s。这里，“规定时间”一般是指结构的设计基准期；“规定条件”是指结构设计预先确定的施工条件和使用条件；“预定功能”一般是指结构设计所应满足的各项功能要求。相反地，称结构不能完成预定功能的概率为失效概率，表示为 P_f。按定义，结构的可靠概率与失效概率显然是互补的，即

$$P_s + P_f = 1 \tag{3-1}$$

按照结构可靠度的定义和概率论的基本原理，设 $X = (X_1, X_2, \cdots, X_n)$ 为结构的基本随机向量，$X_i(i = 1, 2, \cdots, n)$ 为第 i 个基本随机变量，X 的联合概率密度函数为 $f(x)$，以 $Z = g(X)$ 表示结构的功能函数，则 Z 为随机变量函数，其本身也是一随机变量，并且有

$$Z = g(X)\begin{cases} < 0 & \text{对应于结构失效状态} \\ = 0 & \text{对应于结构极限状态} \\ > 0 & \text{对应于结构可靠状态} \end{cases} \tag{3-2}$$

称 $Z = g(X) = 0$ 为结构的极限状态方程，它是结构可靠性分析的重要依据，称事件“$Z < 0$”的概率为结构的失效概率 P_f。P_f 值原则上可通过求积分的方法得到，计算公式为

$$P_f = P\{Z < 0\} = \int_F f(x)\,\mathrm{d}x = \underset{(x_1, x_2, \cdots, x_n) \in F}{\iint\int} f(x_1, x_2, \cdots, x_n)\,\mathrm{d}x_1\mathrm{d}x_2\cdots\mathrm{d}x_n \tag{3-3}$$

其中，$F = \{x \mid g(X) < 0\}$ 表示结构的失效域。

当功能函数中有多个基本随机变量，或功能函数为非线性时，式(3-3)的计算会变得十分复杂，甚至难以求解。因此，人们通常并不采用这种直接积分法，而是采用近似方法首先求得结构的可靠指标，然后再求得相应的失效概率。

为了进一步阐明结构失效概率的含义，我们先以最简单的两个随机变量的情况为例。假设以 R 表示结构的抗力，用 S 表示结构上的作用效应，并且假设 R，S 相互独立，其相应的概率分布函数和密度函数分别为 $F_R(r)$，$f_R(r)$ 和 $F_S(s)$，$f_S(s)$，则结构的功能函数可表示为

$$Z = g(R, S) = R - S \tag{3-4}$$

结构的失效概率 P_f 为

$$P_f = P\{Z < 0\} = P\{(R-S) < 0\} = \iint_{r<s} f(r,s)\,\mathrm{d}r\mathrm{d}s$$

$$= \iint_{r<s} f_R(r) \cdot f_S(s)\,\mathrm{d}r\mathrm{d}s = \int_0^{+\infty} \left[\int_0^S f_R(r)\,\mathrm{d}r\right] \cdot f_S(s)\,\mathrm{d}s$$

$$= \int_0^{+\infty} F_R(s) f_S(s)\,\mathrm{d}s \tag{3-5}$$

或者

$$P_f = P\{Z < 0\} = P\{(R-S) < 0\} = \iint_{r<s} f(r,s)\,\mathrm{d}r\mathrm{d}s$$

$$= \iint_{r<s} f_R(r) \cdot f_S(s)\,\mathrm{d}r\mathrm{d}s = \int_0^{+\infty} \left[\int_r^{+\infty} f_S(s)\,\mathrm{d}s\right] \cdot f_R(r)\,\mathrm{d}r$$

$$= \int_0^{+\infty} [1 - F_S(r)] f_R(r)\,\mathrm{d}r \tag{3-6}$$

式中　$f(r,s)$——(R,S)的联合概率密度函数。

3.2.1.3　结构的可靠指标

利用式(3-3)的积分方法来计算结构的失效概率当然是最理想、最准确的，但是在实际应用中却有以下困难：首先，由于影响结构可靠性的因素很多，极为复杂，有些因素的研究尚不够深入，因此在现有条件下，没有充足的数据来确定 n 个基本随机变量的联合概率密度函数，甚至也很难有足够的数据保证边缘分布函数和协方差是可信的；其次，即使联合概率密度函数是已知的，但当变量较多或功能函数为非线性时，计算式(3-3)确定的积分也会变得相当复杂。对于大多数实际问题不存在解析解，因此必须求助于数值方法。基于上述情况，人们通常采用一些近似方法来求出结构的可靠指标，并用可靠指标的大小来衡量结构可靠性的高低。其中，失效概率与可靠指标之间存在着一一对应关系。

为了说明结构可靠指标的概念，本书仍以最简单的两个随机变量情况为例。假定 R 和 S 均服从正态分布且相互独立，其平均值和标准差分别为 μ_R，μ_S 和 σ_R，σ_S，则结构的功能函数 $Z = R - S$ 也服从正态分布，由概率论知 $\mu_Z = \mu_R - \mu_S$，$\sigma_Z = \sqrt{\sigma_R^2 + \sigma_S^2}$。$Z$ 的概率密度函数如

图 3-1 所示。图中阴影部分的面积即为 $P_f = P(Z<0)$。由图可知，从 0 到 μ_Z 这段距离可以用标准差去度量，即 $\mu_Z = \beta\sigma_Z$，且 β 与 P_f 之间存在着一一对应关系，β 小时，P_f 大；β 大时，P_f 小。因此，β 和 P_f 一样，可以作为度量结构可靠性的一个指标，称为可靠指标，一般 β 与 P_f 的关系为

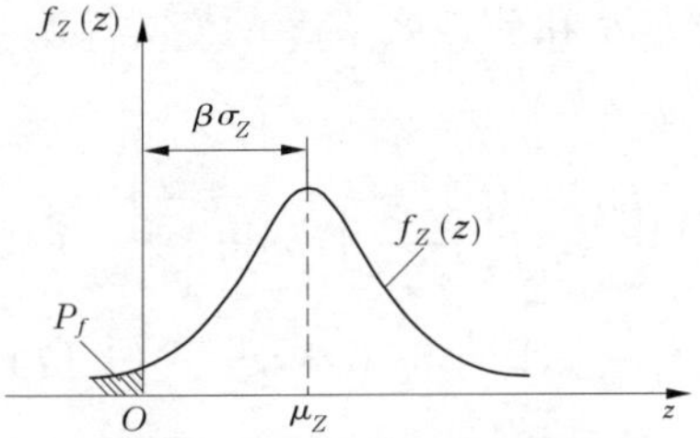

图 3-1　z 的概率密度函数

$$P_f = P\{Z<0\} = F_Z(0) = \int_{-\infty}^{0} \frac{1}{\sqrt{2\pi}\sigma_Z} e^{-\frac{(z-\mu_Z)^2}{2\sigma_Z^2}} dz \tag{3-7}$$

令 $t = \dfrac{z-\mu_Z}{\sigma_Z}$，则有 $dz = \sigma_Z dt$ 以及 $z=-\infty, t=-\infty; z=0, t=-\dfrac{\mu_Z}{\sigma_Z}$，代入式(3-7)后得

$$P_f = \int_{-\infty}^{-\frac{\mu_Z}{\sigma_Z}} \frac{1}{\sqrt{2\pi}} e^{-\frac{t^2}{2}} dt = \Phi(-\beta) \tag{3-8}$$

式中　$\Phi(\cdot)$——标准正态分布的分布函数。

式(3-8)表示失效概率与可靠指标的关系。式(3-8)等价于：

$$P_f = 1 - \Phi(\beta) \tag{3-9}$$

或

$$P_r = \Phi(\beta) \tag{3-10}$$

可靠指标则为

$$\beta = \frac{\mu_Z}{\sigma_Z} = \frac{\mu_R - \mu_S}{\sqrt{\sigma_R^2 + \sigma_S^2}} \tag{3-11}$$

若 R,S 均服从对数正态分布且相互独立，结构功能函数可表示为 $Z = \ln(R/S) = \ln R - \ln S$，则 Z 服从正态分布，其均值和方差为

$$\mu_Z = \mu_{\ln R} - \mu_{\ln S} = \ln\left(\frac{\mu_R}{\sqrt{1+\delta_R^2}}\right) - \ln\left(\frac{\mu_S}{\sqrt{1+\delta_S^2}}\right)$$

$$= \ln\left(\frac{\mu_R}{\mu_S}\sqrt{\frac{1+\delta_S^2}{1+\delta_R^2}}\right)$$

$$\sigma_Z^2 = \sigma_{\ln R}^2 + \sigma_{\ln S}^2 = \ln(1+\delta_R^2) + \ln(1+\delta_S^2)$$

$$= \ln[(1+\delta_R^2)(1+\delta_S^2)]$$

式中　δ_R,δ_S——抗力 R 和荷载效应 S 的变异系数。

结构可靠指标为

$$\beta = \frac{\mu_Z}{\sigma_Z} = \ln\left(\frac{\mu_R}{\mu_S}\sqrt{\frac{1+\delta_S^2}{1+\delta_R^2}}\right)\Bigg/\sqrt{\ln[(1+\delta_R^2)(1+\delta_S^2)]} \tag{3-12}$$

当 δ_R 和 δ_S 均较小，如均小于 0.3 时，式(3-12)可进一步简化为

$$\beta \approx \ln\left(\frac{\mu_R}{\mu_S}\right)\Bigg/\sqrt{\delta_R^2+\delta_S^2} \tag{3-13}$$

在基于可靠性理论的结构设计中，β 具有十分重要的意义。目前，各国的结构设计规范普遍采用了结构可靠指标的概念，并把目标可靠指标 β 作为结构设计的依据。

3.2.1.4　结构可靠性分析方法

在实际工程中，结构的功能函数往往为非线性的，大多数随机变量不服从正态或对数正态分布，同时也不一定相互独立，功能函数一般也不服从正态分布，因而不能直接计算可靠指标，这时需研究结构可靠指标计算的一些近似方法。

常用的结构可靠性分析方法有：①中心点法；②验算点法(JC 法)；③实用分析法；④映射变换法；⑤蒙特卡罗法。本书着重介绍国际安全度联合委员会推荐的验算点法(JC 法)。它的特点是：①能考虑随机变量的实际分布类型，并通过“当量正态化”途径，把非正态变量当量化为正态变量；②线性化点不是选在平均值处，而是选在失效边界上，并且该线性化点(设计验算点)是与结构最大可能失效概率相对应的。这种方法被国际安全度联合委员会(JC－SS)推荐采用，因此亦称为 JC 法。

1. 两个正态随机变量的情况

设结构极限状态方程为

$$Z = g(R,S) = R - S = 0$$

式中,R 与 S 相互独立且服从正态分布。

在 SOR 坐标系中,极限状态方程是一条过原点的直线,它的倾角为 45°,如图 3-2(a)所示。

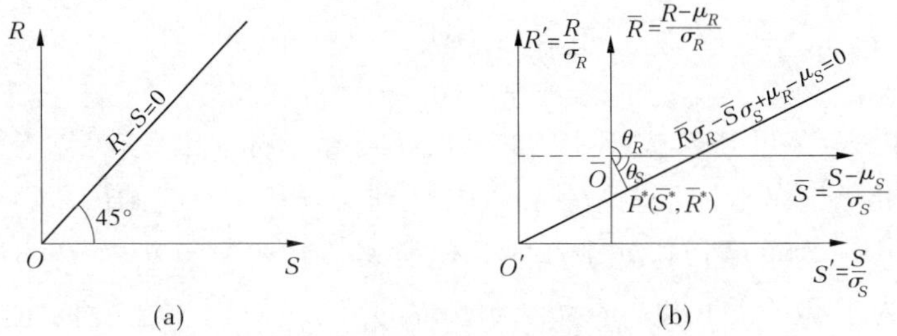

图 3-2　不同坐标系中的极限状态方程

对随机变量 R 和 S 进行标准化变换,得到(见图 3-2(b))

$$\left.\begin{aligned}\bar{R} &= \frac{R - \mu_R}{\sigma_R}\\ \bar{S} &= \frac{S - \mu_S}{\sigma_S}\end{aligned}\right\} \tag{3-14}$$

原坐标系 SOR 和新坐标系 $\bar{S}\bar{O}\bar{R}$ 之间的关系为

$$\left.\begin{aligned}R &= \mu_R + \bar{R}\sigma_R\\ S &= \mu_S + \bar{S}\sigma_S\end{aligned}\right\} \tag{3-15}$$

将式(3-15)代入极限状态方程 $R - S = 0$ 中,可得新坐标系 $\bar{S}\bar{O}\bar{R}$ 中的极限状态方程为

$$(\mu_R + \bar{R}\sigma_R) - (\mu_S + \bar{S}\sigma_S) = 0$$

或

$$\bar{R}\sigma_R - \bar{S}\sigma_S + \mu_R - \mu_S = 0 \tag{3-16}$$

将式(3-16)两端同除以 $-\sqrt{\sigma_R^2 + \sigma_S^2}$,并与解析几何中的标准型法线式直线方程

$$\bar{R}\cos\theta_R + \bar{S}\cos\theta_S - \beta = 0 \tag{3-17}$$

相比较,可得

$$\left.\begin{aligned}\cos\theta_R &= -\frac{\sigma_R}{\sqrt{\sigma_R^2+\sigma_S^2}}\\ \cos\theta_S &= \frac{\sigma_S}{\sqrt{\sigma_R^2+\sigma_S^2}}\end{aligned}\right\}\tag{3-18}$$

$$\beta = \frac{\mu_R-\mu_S}{\sqrt{\sigma_R^2+\sigma_S^2}}\tag{3-19}$$

由式(3-11)知,式(3-19)的β就是可靠指标。因此,可靠指标β就是标准化正态坐标系$\overline{S}\,\overline{O}\,\overline{R}$中,原点$\overline{O}$到极限状态直线的最短距离$\overline{OP^*}$(其中$P^*$为垂足),这就是$\beta$的几何意义。在验算点法中,$\beta$的计算就转化为求$\overline{OP^*}$的长度。$\cos\theta_R$与$\cos\theta_S$是法线$\overline{OP^*}$对坐标向量$R$及$S$的方向余弦(见图3-2(b))。垂足$P^*$是极限状态方程上的一点,称为"设计验算点"。在满足$Z=R-S=0$的各组(S,R)中,设计验算点是最有可能使结构发生失效的一组取值。

由图3-2(b)可知,P^*的坐标$\overline{S^*}$,$\overline{R^*}$分别为

$$\left.\begin{aligned}\overline{R^*} &= \beta\cos\theta_R\\ \overline{S^*} &= \beta\cos\theta_S\end{aligned}\right\}\tag{3-20}$$

将式(3-20)变换到原坐标SOR中,有

$$\left.\begin{aligned}R^* &= \mu_R+\overline{R^*}\sigma_R = \mu_R+\beta\cos\theta_R\sigma_R\\ S^* &= \mu_S+\overline{S^*}\sigma_S = \mu_S+\beta\cos\theta_S\sigma_S\end{aligned}\right\}\tag{3-21}$$

由于P^*点在极限状态直线上,所以(S^*,R^*)也必然满足

$$Z = g(S^*,R^*) = R^* - S^* = 0\tag{3-22}$$

由式(3-19)、式(3-21)和式(3-22)即可进行可靠指标β、设计验算点R^*,S^*的计算和结构构件的截面设计。

2. 多个正态随机变量的情况

设结构的极限状态方程为

$$Z = g(X_1,X_2,\cdots,X_n) = 0\tag{3-23}$$

式中,$X_1,X_2,\cdots,X_n$服从正态分布且相互独立。

式(3-23)可能是线性的,也可能是非线性的。它表达为坐标系

$OX_1X_2\cdots X_n$ 中的一个曲面，这个曲面把 n 维空间分成安全区和失效区两个区域。

对随机变量 $X_i(i=1,2,\cdots,n)$ 进行标准化变换，得到标准化正态随机变量$\overline{X_i}(i=1,2,\cdots,n)$

$$\overline{X_i} = \frac{X_i - \mu_{X_i}}{\sigma_{X_i}} \quad (i = 1,2,\cdots,n) \tag{3-24}$$

则极限状态方程式(3-23)在坐标系$\overline{O}\ \overline{X_1}\ \overline{X_2}\cdots\overline{X_n}$中的表达式为

$$Z = g(\overline{X_1}\sigma_{X_1} + \mu_{X_1}, \overline{X_2}\sigma_{X_2} + \mu_{X_2}, \cdots, \overline{X_n}\sigma_{X_n} + \mu_{X_n}) = 0 \tag{3-25}$$

类似于两个正态随机变量的情况，此时的可靠指标 β 是标准化正态空间坐标$\overline{O}\ \overline{X_1}\ \overline{X_2}\cdots\overline{X_n}$中原点 $\overline{O}$ 到极限状态曲面的最短距离。如图 3-3所示为三个正态随机变量的情况，P^* 为设计验算点。

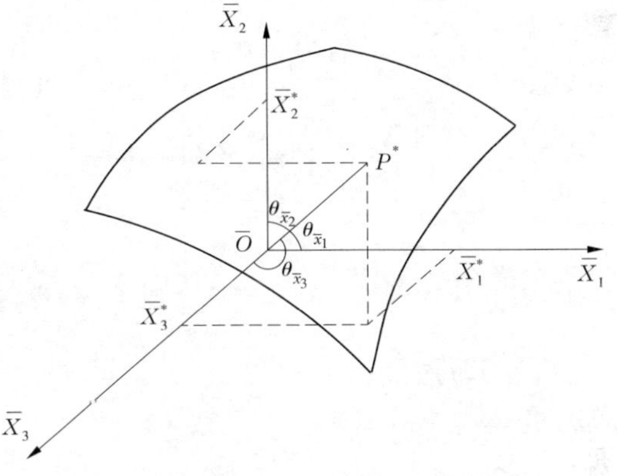

图 3-3　空间坐标系中设计验算点 P^*

将式(3-25)在设计验算点 P^* 处按泰勒级数展开并取至一次项，有

$$\begin{aligned} Z &= g(\overline{X_1}\sigma_{X_1} + \mu_{X_1}, \overline{X_2}\sigma_{X_2} + \mu_{X_2}, \cdots, \overline{X_n}\sigma_{X_n} + \mu_{X_n}) \\ &\approx g(\overline{X_1^*}\sigma_{X_1} + \mu_{X_1}, \overline{X_2^*}\sigma_{X_2} + \mu_{X_2}, \cdots, \overline{X_n^*}\sigma_{X_n} + \mu_{X_n}) + \\ &\quad \sum_{i=1}^{n} \frac{\partial g}{\partial X_i}\Big|_{P^*} (\overline{X_i}\sigma_{X_i} + \mu_{X_i} - X_i^*) \end{aligned}$$

$$= \sum_{i=1}^{n} \frac{\partial g}{\partial X_i}\Big|_{P^*} \cdot \sigma_{X_i} \overline{X_i} + \sum_{i=1}^{n} \frac{\partial g}{\partial X_i}\Big|_{P^*} (\mu_{X_i} - X_i^*) = 0$$

上式两端同除以 $-\sqrt{\sum_{i=1}^{n}\left(\frac{\partial g}{\partial X_i}\Big|_{P^*}\sigma_{X_i}\right)^2}$ 得

$$\sum_{i=1}^{n} \frac{\left(-\frac{\partial g}{\partial X_i}\Big|_{P^*}\sigma_{X_i}\right)}{\sqrt{\sum_{i=1}^{n}\left(\frac{\partial g}{\partial X_i}\Big|_{P^*}\sigma_{X_i}\right)^2}} \overline{X_i} - \frac{\sum_{i=1}^{n} \frac{\partial g}{\partial X_i}\Big|_{P^*}(\mu_{X_i} - X_i^*)}{\sqrt{\sum_{i=1}^{n}\left(\frac{\partial g}{\partial X_i}\Big|_{P^*}\sigma_{X_i}\right)^2}} = 0$$

(3-26)

与式(3-18)类似，法线 $\overline{O}P^*$ 对坐标向量的方向余弦为(关于 $\overline{O}\,\overline{X_1}\,\overline{X_2}\cdots\overline{X_n}$ 坐标系的方向余弦与关于原坐标系 $OX_1X_2\cdots X_n$ 的方向余弦相同)：

$$\cos\theta_{\overline{X_i}} = \cos\theta_{X_i} = \frac{-\frac{\partial g}{\partial X_i}\Big|_{P^*}\sigma_{X_i}}{\sqrt{\sum_{i=1}^{n}\left(\frac{\partial g}{\partial X_i}\Big|_{P^*}\sigma_{X_i}\right)^2}} \quad (i = 1,2,\cdots,n)$$

(3-27)

式中，$\frac{\partial g}{\partial X_i}\Big|_{P^*}$ 表示功能函数 $g(X_1, X_2, \cdots, X_n)$ 对 X_i 的偏导数在 P^* 处赋值，显然有 $\sum_{i=1}^{n}\cos^2\theta_{X_i} = 1$ 的关系。

由方向余弦的定义可知(见图 3-3)

$$\overline{X_i^*} = \beta\cos\theta_{\overline{X_i}} = \beta\cos\theta_{X_i} \quad (i = 1,2,\cdots,n) \tag{3-28}$$

将上述关系变换到原坐标系 $OX_1X_2\cdots X_n$ 中，可得 P^* 在原坐标系中的坐标为

$$X_i^* = \mu_{X_i} + \overline{X_i^*}\sigma_{X_i} = \mu_{X_i} + \beta\sigma_{X_i}\cos\theta_{X_i} \quad (i = 1,2,\cdots,n) \tag{3-29}$$

由于 P^* 在极限状态曲面上，当然应满足极限状态方程式(3-23)，即

$$g(X_1^*, X_2^*, \cdots, X_n^*) = 0 \tag{3-30}$$

3. 非正态随机变量的情况

一般情况下，在结构极限状态方程中往往含有非正态随机变量，如

结构的抗力一般服从对数正态分布，活荷载一般服从极值Ⅰ型分布或其他分布等。对于这种情况下的可靠度分析，一般要把非正态变量当量化为正态分布随机变量。

JC法的基本原理是首先将非正态变量 X_i 先行当量正态化。当量正态化的条件是：①在设计验算点 x_i^* 处，当量正态化随机变量 X'_i（其均值为 $\mu_{X'_i}$，标准差为 $\sigma_{X'_i}$）的分布函数值 $F_{X'_i}(x_i^*)$ 与原随机变量 X_i（其均值为 μ_{X_i}，标准差为 σ_{X_i}）的分布函数 $F_{X_i}(x_i^*)$ 相等；②在设计验算点 x_i^* 处，当量正态化随机变量概率密度函数 $f_{X'_i}(x_i^*)$ 值与原随机变量概率密度函数值 $f_{X_i}(x_i^*)$ 相等（见图3-4）。

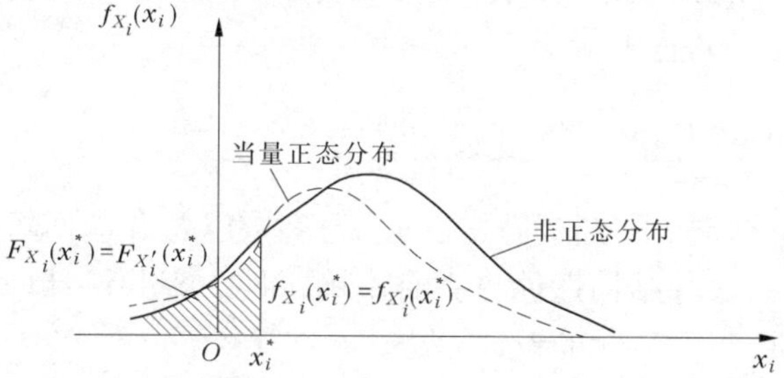

图3-4　当量正态化条件

按当量止态化条件，可以得到当量止态分布变量的均值 $\mu_{X'_i}$ 和标准差 $\sigma_{X'_i}$。

由条件①：$F_{X'_i}(x_i^*) = F_{X_i}(x_i^*)$ 得

$$\Phi\left(\frac{x_i^* - \mu_{X'_i}}{\sigma_{X'_i}}\right) = F_{X_i}(x_i^*)$$

所以

$$\frac{x_i^* - \mu_{X'_i}}{\sigma_{X'_i}} = \Phi^{-1}[F_{X_i}(x_i^*)]$$

$$\mu_{X'_i} = x_i^* - \Phi^{-1}[F_{X_i}(x_i^*)]\sigma_{X'_i} \tag{3-31}$$

由条件②：$f_{X'_i}(x_i^*) = f_{X_i}(x_i^*)$ 得

$$\varphi\left(\frac{x_i^* - \mu_{X'_i}}{\sigma_{X'_i}}\right)/\sigma_{X'_i} = f_{X_i}(x_i^*)$$

$$\varphi[\Phi^{-1}F_{X_i}(x_i^*)]/\sigma_{X'_i} = f_{X_i}(x_i^*)$$

所以

$$\sigma_{X'_i} = \frac{\varphi[\Phi^{-1}F_{X_i}(x_i^*)]}{f_{X_i}(x_i^*)} \tag{3-32}$$

式中,$\Phi(\cdot)$,$\Phi^{-1}(\cdot)$分别为标准正态分布的分布函数及分布函数的反函数,$\varphi(\cdot)$为标准正态分布的概率密度函数。

在极限状态方程中,非正态随机变量 X_i 的当量正态化参数 $\mu_{X'_i}$ 和 $\sigma_{X'_i}$ 求得后,即可按正态变量的情况由式(3-27)~式(3-30)迭代求解可靠指标 β 和设计验算点 x_i^*。

3.2.2 市政窨井的可靠度设计方法

由于车辆荷载、窨井材料性能和几何参数以及井周回填材料性能等的不确定性,窨井结构性能也具有不确定性。窨井设计应充分考虑这些不确定性,采用科学的设计方法。

3.2.2.1 基于可靠性理论的窨井盖设计

1. 建立窨井盖极限状态方程

窨井盖的失效模式主要为井盖抗弯破坏。在车辆荷载作用下,设窨井盖的抗力为窨井盖材料的抗拉强度 f_r,由第 2 章力学分析可知,窨井盖承受的荷载效应 S 为井盖材质泊松比 μ、井盖半径 a、车辆荷载 q 和井盖厚度 h 等的函数,即

$$R = f_r, S = \frac{3}{8}(3+\mu)q\left(\frac{a}{h}\right)^2 \tag{3-33}$$

由结构可靠度理论知,功能函数可表示为

$$Z = R - S = f_r - \frac{3}{8}(3+\mu)q\left(\frac{a}{h}\right)^2 \tag{3-34}$$

$Z>0$ 时,表示窨井盖处于可靠状态;$Z=0$ 时,表示窨井盖处于极限状态;$Z<0$ 时,表示窨井盖处于失效状态。

2. 可靠性分析方法

功能函数是多个随机变量的非线性函数，因此一般情况下比较难求解，但在井盖设计时，当井盖材料和井盖形式选定后，材料泊松比 μ 和井盖半径 a 的变异性较小，可视为常数，此时，式(3-34)的功能函数表达式可简化为

$$Z = g(h,q,f_r) \tag{3-35}$$

由于窨井依附道路而建，其设计可靠指标应与路面结构相当，根据前人研究成果，路面结构的可靠指标在2.0左右，此时，随机变量的概率分布类型对可靠度计算结果影响较小，可近似按中心点法进行可靠度分析。

3. 窨井盖可靠度设计算例

已知 $\mu_R = 240$ MPa，变异系数 $\delta_R = 0.25$，$\mu_q = 196$ kN，变异系数 $\delta_q = 0.3$，窨井盖厚度 h 服从正态分布，设其均值为 μ_h，变异系数 $\delta_h = 0.1$。取设计目标可靠指标 $\beta = 2.5$，则由

$$\mu_S = S(\mu_q,\mu_h) = \frac{3}{8}(3+\mu)\mu_q\left(\frac{a}{\mu_h}\right)^2 = \frac{76.66\times10^3}{\mu_h^2} \tag{3-36}$$

$$\sigma_S^2 = \left.\frac{\partial S}{\partial h}\right|_\mu^2 \cdot \sigma_h^2 + \left.\frac{\partial S}{\partial q}\right|_\mu^2 \cdot \sigma_q^2 = \frac{772\times10^6}{\mu_h^4} \tag{3-37}$$

将上述两式与 $\beta = \dfrac{\mu_R - \mu_S}{\sqrt{\sigma_R^2 + \sigma_S^2}}$ 和 $\delta = \dfrac{\sigma}{\mu}$ 联立求解，代入参数值，即可求得

$$\mu_h = 0.033 \text{ m}$$

若取95%的保证率，井盖厚度的标准值应为

$$h_k = \mu_h + 1.645\sigma_h = 33 + 1.645\times3.3 = 38.43(\text{mm})$$

上述计算结果与目前我国普遍采用的窨井盖换算厚度相当(40 mm)，但应注意的是，上述窨井盖的极限状态方程是在井盖受均布荷载的条件下建立的，由第2章的力学分析可知，此时井盖承受的计算弯矩较小，因此从可靠度角度建议对井盖适当加厚。

3.2.2.2 基于可靠性理论的井体设计

1. 建立井体极限状态方程

窨井井体的失效模式主要为井体材料的弯折破坏。在车辆荷载及土压力共同作用下,设井体抗力为井体材料的抗折强度 f_r,由第 2 章力学分析可知,井体荷载效应 S 为窨井井体内径 r、窨井埋设深度 z、车辆荷载 Q 和井体厚度 d 等的函数,即

$$R = f_r, S = \frac{Q(2r+d)^2}{8d^2} + \frac{3.6\times10^3(r+d)^2}{d^2+2rd} \tag{3-38}$$

由结构可靠度理论知,井体结构功能函数可表示为

$$Z = R - S = f_r - \frac{Q(2r+d)^2}{8d^2} - \frac{3.6\times10^3(r+d)^2}{d^2+2rd}$$

$Z>0$ 时,表示窨井井体处于可靠状态;$Z=0$ 时,表示窨井井体处于极限状态;$Z<0$ 时,表示窨井井体处于失效状态。

2. 可靠性分析方法

当窨井井体结构形式选定后,井体半径的变异性可忽略不计,因此井体结构的功能函数可表示为

$$Z = g(f_r, Q, d) \tag{3-39}$$

同井盖可靠度分析类似,可近似按中心点法进行井体可靠度设计。

3. 井体可靠度设计算例

设窨井井体采用 C20 钢筋混凝土,窨井内径为 700 mm,埋设深度为 3 m。抗力 R 服从正态分布,$\mu_R = 1.79$ MPa,变异系数 $\delta_R = 0.25$,$\mu_Q = 196$ kN,变异系数 $\delta_Q = 0.3$,窨井井体厚度 d 服从正态分布,设其均值为 μ_d,变异系数 $\delta_d = 0.1$。取设计目标可靠指标 $\beta = 2.5$,则

$$\mu_S = \frac{\mu_Q(2r+\mu_d)^2}{8\mu_d^2} + \frac{3.6\times10^3(r+\mu_d)^2}{\mu_d^2+2r\mu_d} \tag{3-40}$$

$$\sigma_S^2 = \frac{\partial S}{\partial Q}\bigg|_\mu^2 \cdot \sigma_Q^2 + \frac{\partial S}{\partial d}\bigg|_\mu^2 \cdot \sigma_d^2 \tag{3-41}$$

将上述两式与 $\beta = \dfrac{\mu_R - \mu_S}{\sqrt{\sigma_R^2+\sigma_S^2}}$ 和 $\delta = \dfrac{\sigma}{\mu}$ 联立求解,代入参数值,即可求得

$$\mu_d = 0.18\ \text{m}$$

若取 95% 的保证率，井体厚度的标准值应为

$$d_k = \mu_d + 1.645\sigma_d = 18 + 1.645 \times 1.8 = 20.96(\text{cm})$$

上述计算结果与目前我国普遍采用的窨井井体厚度相当（标准图册中混凝土井体厚度取 20 cm）。

3.2.2.3　基于可靠性理论的底板设计

1. 建立窨井底板极限状态方程

底板的失效模式一般为底板的弯曲破坏。在车辆荷载及土压力作用下，设底板的抗力为底板材料的抗弯强度 M，由第 2 章的力学分析可知，荷载效应 S 为窨井埋设深度 z、车辆荷载 Q_{vk}、底板厚度 t 和底板半径 R 等的函数，即

$$R = M, S = KPR = f(z, Q_{vk}, R, t) \tag{3-42}$$

由结构可靠度理论知，底板的功能函数可表示为

$$Z = R - S = M - KPR = M - f(z, Q_{vk}, R, t)$$

$Z>0$ 时，表示窨井底板处于可靠状态；$Z=0$ 时，表示窨井底板处于极限状态；$Z<0$ 时，表示窨井底板处于失效状态。

2. 可靠性设计方法

同井盖和井体的可靠度分析，可假定窨井埋设深度 z、底板半径 R 为常量，建立如下的功能函数

$$Z = g(M, Q_{vk}, t) \tag{3-43}$$

由于底板的功能函数为隐函数形式，其可靠度分析与设计需要采用其他方法，本书在此不再详细阐述。

3.3　市政窨井构造设计

3.3.1　井筒构造设计

当前市政窨井井筒多数仍为砖砌结构，部分新建或者等级要求较高的路段采用钢筋混凝土结构，钢筋混凝土结构井体分为现浇钢筋混凝土井体和预制装配式钢筋混凝土井体。

3. 3. 1. 1　**砖砌井体**

市政窨井有多种构造形式,常见的有圆形雨污水井、矩形雨污水井和扇形雨污水井,郑州市目前使用最普遍的是砖砌圆形雨污水窨井,φ 700 mm 圆形砖砌雨水窨井见图 3-5,其详细构造如下。

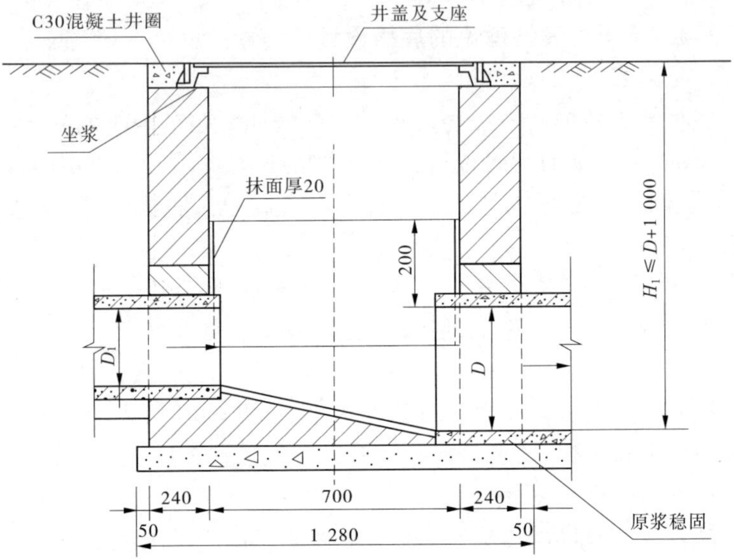

图 3-5　φ 700 mm 圆形砖砌雨水窨井　（单位:mm）

1. 砌体结构

砖砌井墙使用 MU10 砖,墙体厚度为 240 mm,砌筑使用 M7. 5 水泥砂浆。

2. 抹面

在进行井墙砌筑和抹面施工时,均要求使用 1∶2防水水泥砂浆,防水砂浆抹面厚度为 20 mm。

当窨井为雨水井,且无地下水时,只需对内墙面进行抹面施工;当遇地下水时,井体外墙面需使用 1∶2防水水泥砂浆抹面至地下水位以上 500 mm。

当窨井为污水井时,不论有无地下水,均需对内外墙面使用 1∶2防水水泥砂浆抹面。

3. 流槽

流槽使用 M7.5 水泥砂浆砌筑 MU10 砖，使用 1∶2防水水泥砂浆，防水砂浆抹面厚度为 20 mm。

4. 盖板

当窨井为收口式时，则不需使用盖板；当窨井为盖板式时，则需使用钢筋混凝土盖板。盖板为 C25 混凝土结构，盖板配筋时应采用底层配筋。

5. 底板

窨井底板均采用 C10 素混凝土结构，底板厚度根据实际情况进行设计。

3.3.1.2　钢筋混凝土结构井体

随着城市交通量和重载车辆的增多，进行新建窨井施工时多采用耐压、易施工的钢筋混凝土井体。钢筋混凝土结构井体分为现浇式和预制装配式两种，使用较多的为预制装配式钢筋混凝土井体。预制装配式井体在工厂进行标准化施工，质量易于控制，在进行装配施工时较为简单，能大幅提高窨井的建设效率，且养护周期较短。ϕ1 000 mm 圆形混凝土雨水窨井（盖板式）见图 3-6，其构造如下。

1. 井墙

混凝土井墙采用 C20 混凝土，在进行配筋时，要求：钢筋锚固长度 $35d$，搭接长度 $42d$，混凝土保护层厚度为 35 mm。

2. 流槽

流槽使用 M7.5 水泥砂浆砌筑 MU10 砖，使用 1∶2防水水泥砂浆，防水砂浆抹面厚度为 20 mm。

3. 盖板

当窨井为收口式时，则不需使用盖板；当窨井为盖板式时，则需使用钢筋混凝土盖板。盖板为 C25 混凝土结构，盖板配筋时应采用底层配筋。

4. 底板

底板采用 C20 混凝土，在进行配筋时，要求：钢筋锚固长度 $35d$，搭

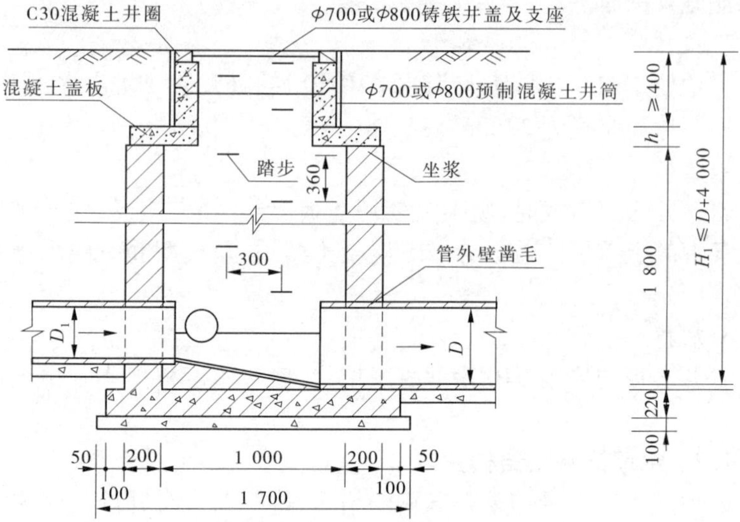

图 3-6　ϕ1 000 mm 圆形混凝土雨水窨井(盖板式)　(单位:mm)

接长度 42d,混凝土保护层厚度为 35 mm。

钢筋混凝土结构井体在进行施工时,需在底部做 C10 素混凝土垫层。

3.3.2　窨井盖构造设计

市政窨井盖尺寸规格主要有四种,分别为 ϕ500 mm、ϕ600 mm、ϕ700 mm 和 ϕ800 mm;井盖材料主要有球墨铸铁、灰口铸铁和纤维混凝土三种;按承载能力可分为轻型井盖和重型井盖,轻型井盖主要用于人行道、绿地或者小区内部便道,重型井盖主要用于行车道和停车场等。

郑州市城市道路窨井建设过程中,使用最多的是 ϕ700 mm 重型球墨铸铁井盖,其构造形式见图 3-7。

窨井盖主要由井板、梁肋和防滑纹构成。图 3-7 所示井盖构造,其中梁肋高度和井盖厚度均为最小尺寸,在实际应用中,生产制造企业应根据业主要求生产合适尺寸的窨井盖。井盖上部防滑纹仅作参考,可根据实际情况调整为所需花纹。井盖中央空白处应填铸“给”“污”

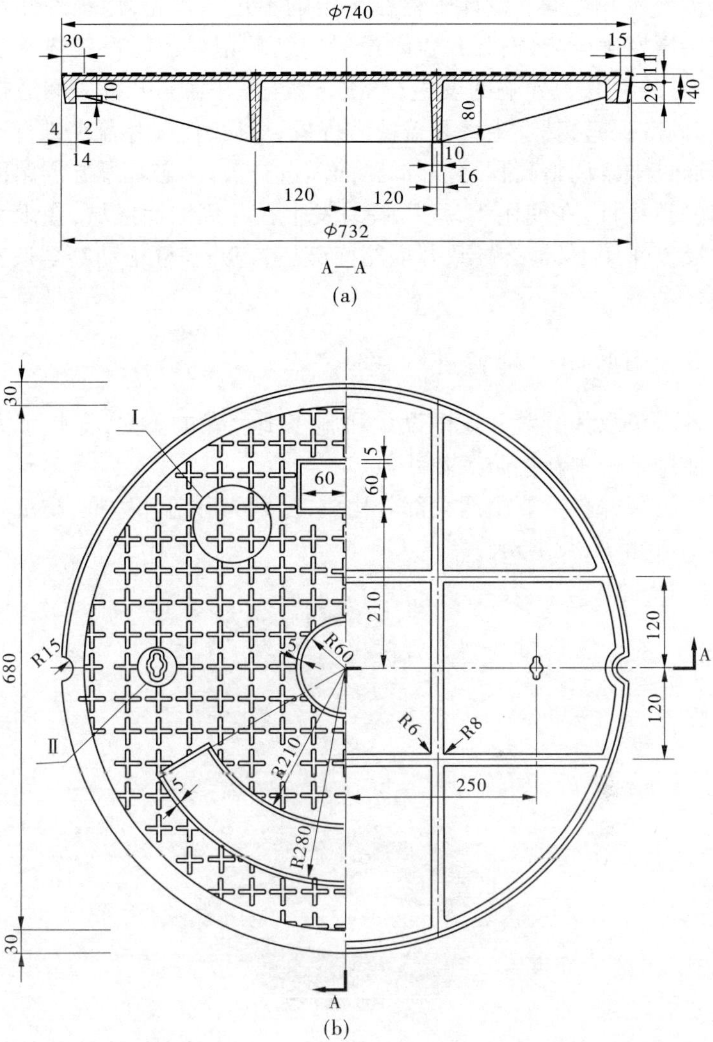

图 3-7　ϕ700 mm 重型球墨铸铁井盖

“雨”或者“消”等标志,以便于区分识别。

传统窨井盖框在设计中存在一定的不足。首先,传统窨井盖易因车辆碾压发生异响,安装井盖时设置的粘贴塑料或者橡胶垫圈易老化脱落,导致窨井盖异响的发生;其次,传统窨井盖与井框之间通过铰链连接,铰链裸露,易发生窨井盖被盗现象;最后,传统井盖在进行安装时需要通过坐浆调整高程,且井周路面需进行破碎,破坏了井周路面和原路面的整体性,在使用中,病害最易发生在井周路面区域,在雨水及车辆的反复作用下,最终导致井周路面破坏,窨井盖框松动甚至是发生平移。

3.3.3　市政防沉降窨井

针对市政传统窨井盖框设计和施工中存在的不足,郑州市大范围推广使用了一种新型防沉降井盖。

防沉降井盖主要由两大部分构成,分别为井盖和边框,防沉降井盖整体构造如图 3-8 所示。

图 3-8　防沉降井盖

3.3.3.1　井盖

防沉降窨井盖与传统井盖相比在防止井盖跳动、位移和防滑纹等的设计上都有其独到之处。

1. 弹性锁定装置

为了防止窨井盖跳动，防沉降井盖设计了其特有的弹性锁定装置，见图 3-9。弹性锁定装置采用三点弹簧臂锁定装置，三个弹簧臂与边框锁定，能够防止井盖意外开启、跳动和位移，并且还能够减少因冲击产生的振动和异响，从而减小井周路面破坏的可能性。

2. 防滑纹

防沉降窨井独特的“花纹面”能够优化排水，盖板设有特殊防滑纹，在确保最佳防滑效果的同时，最大限度地降低车辆从井盖面通过时产生的摩擦噪声，见图 3-10。

图 3-9　弹性锁定装置

图 3-10　防滑纹

3. 限位凸块

防沉降井盖在盖板边缘均匀分布 4 个小凸块，其紧贴支座，起到固定作用，防止盖板因外力冲击水平移动而与支座侧壁碰撞产生响声，见图 3-11。

3.3.3.2　防盗铰链

防沉降井盖采用防盗铰链，结构牢固，不易砸断；井盖与边框通过防盗销轴固定，埋于沥青层内，见图 3-12。

3.3.3.3　承插式边框

防沉降窨井边框与传统窨井边框存在较大差异。承插式边框见图 3-13下部与井体紧密接触，上沿支座法兰面坐在沥青路面上，增大井盖的受力面。井盖上部的荷载通过支座法兰面分散到井周路面结构

图 3-11　限位凸块

图 3-12　防盗铰链和销轴

层,从而大大减小井体所受荷载。边框法兰面还对井周路面起一定的保护作用,从而延长窨井正常使用寿命,减少养护维修次数。

3.3.3.4　**梯形嵌入式胶条**

防沉降井盖在球墨铸铁基础框上机加工出一圈倒梯形的槽,然后将胶条镶嵌进去,见图 3-14。窄口凹槽上窄下宽,防止胶条脱落,有效减小震动、防止响声。防震胶条采用 DIN53505 标准,具有耐高温、耐磨等特点,从而延长井盖使用时间。

防沉降窨井的剖面图见图 3-15。

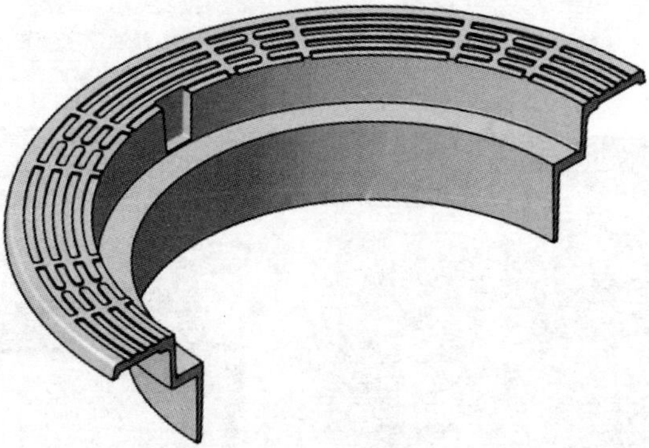

图 3-13　承插式边框

图 3-14　梯形嵌入式胶条

3.4　本章小结

本章分析了当前窨井设计中存在的问题，并考虑到车辆荷载、窨井材料性能和几何尺寸、回填土性能等对窨井受力性能影响等不确定性，提出了基于可靠度理论的市政窨井设计方法，分别建立了井盖、井体和底板的极限状态方程，实现了对窨井各组成单元的可靠度设计。同时，根据窨井使用功能要求，介绍了郑州市市政窨井维护中广泛使用的防

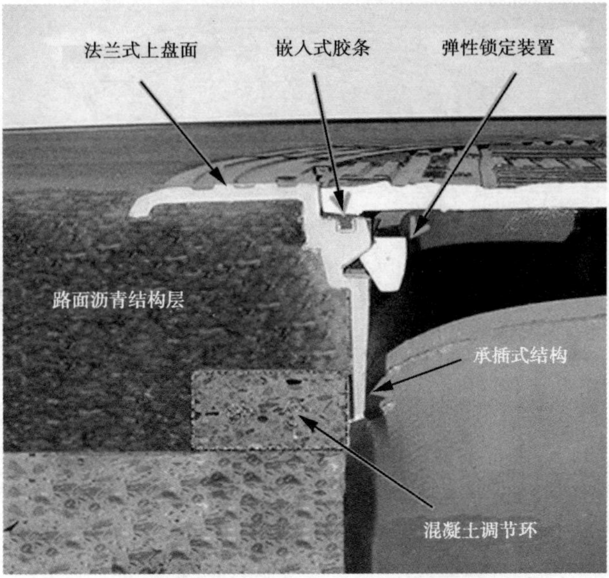

图 3-15　防沉降窨井剖面图

沉降井盖构造设计，该井盖构造设计在防滑、防盗和防沉降等方面体现出了较优越的性能。

第 4 章　市政窨井施工技术

4.1 引　言

市政窨井一般依附于城市道路建设,而道路是城市的命脉,城市道路不仅要最大限度地发挥其功能,承受较大的交通量,还要求具有一定的平整度来保证城市交通安全、有序地进行。城市道路病害较大一部分是由市政窨井病害引起的,尽管每年市政部门投入大量的人力、物力进行检修维护也没有从根本上完全解决这个问题。因此,除更新市政窨井设计理念和设计方法外,还应该从市政窨井施工质量上下功夫。

窨井施工具有极大的特殊性。新建市政窨井施工位置地质条件复杂,施工位置腐殖土或者城市垃圾较多,因此需要对基础不良土层进行开挖换填;窨井结构简单,但由于其施工要与城市道路施工同步进行,从道路垫层施工开始到面层铺装结束,一个新建窨井施工周期才结束,因此其施工周期一般较长;新建市政窨井从基础处理开始到最后窨井盖框安装完毕,所需工序多,施工复杂,最后污水井还必须通过窨井闭水试验。市政病害窨井的维修施工一般选择在车流量较小的夜间施工,并采取封路或者围挡措施,能见度低,由于第二天要开放道路交通并且需要考虑砂浆和沥青混凝土的凝结时间,因此施工周期短,一般为 2 ~ 3 h。另外,从事市政窨井施工的人员往往具有较大的随机性,可能会导致施工人员的技术水平不过关,导致出现施工质量问题,因此加强对从业人员的技能前期培训大为重要。

调研中发现的市政窨井施工过程中存在的主要问题有施工技术不过关、施工器械选择不当、施工工序安排混乱、施工人员责任心不强和施工监管不到位等。针对这些问题,市政部门、施工单位和监理部门要加强业务能力,改进施工技术,规范施工过程,以确保市政窨井施工质量。

4.2 市政窨井施工关键技术

市政窨井施工不仅包括新修道路市政窨井施工，还包括旧路翻新市政窨井施工以及市政病害窨井修复施工。这三种情况下的窨井施工工序以及施工关键技术并不完全相同，本节对新修市政窨井施工和市政病害窨井修复施工做详细研究。

4.2.1 新修市政窨井施工关键技术[46,47]

新修市政窨井施工一般属于新修城市道路施工的一部分，在道路施工的过程中要处理好窨井不同部位何时施工，要求窨井施工与城市道路垫层、基层和面层的施工不冲突，并尽量做到不拆除、不返工、耐久性好。

4.2.1.1 基坑开挖

新修市政窨井在进行基坑开挖之前，首先需要利用水准仪根据工地周边的高程控制点，在工地上坚固稳定的位置确定临时水准点，以方便窨井施工时高程的控制。高程测量的过程中要求对不同的施工位置进行联测，减少误差，以确保市政窨井能够顺畅衔接。

在进行基坑开挖前，必须弄清与开挖位置相关的地下情况，可采用现场开挖探坑的方法，查明情况，必要时可增挖探槽。所施工工程如与已建管道构筑物衔接，必须在开挖基坑前对其平面位置和高程进行校对，必要时开挖核实。若施工段的地下情况与施工图及有关资料提供的情况不符合，应及时通知设计单位予以处理。

基坑开挖前，应向机械操作员详细交底，交底内容一般包括基坑断面、堆土位置、现有地下构筑物情况及施工技术、安全要求等，并指定专人与司机配合，配合人员应熟悉机械挖土有关安全操作规程，并及时量测基坑高程和宽度，防止超挖。

基坑开挖采用机械（反铲挖掘机）放坡开挖，放坡系数一般定为1∶0.33，如遇有地下管线，可采用人工开挖。

基坑开挖时，先进行详细的测量定位并用石灰标示出开挖边线，复核无误后可指挥挖掘机进行开挖,开挖出来的土堆于基坑周边,堆土坡脚距基坑边1.0 m以外,堆土高度不超过1.5 m,堆土坡度不宜陡于自然休止角。

由于挖掘机不可能准确地将基坑底部按规定高程整平,所以为确保基坑底部土壤结构不被扰动、破坏,开挖基坑时应在设计基坑高程以上保留20 cm左右一层采用人工清底整平。

基坑开挖时,要加强巡视现场,由于窨井基坑一般较深,因此要密切注意基坑周围土体的变形情况及基坑内可能出现的涌水、涌沙以及坑底土反弹,一旦发现问题,应立即停止开挖,并知会监理工程师协同处理。

基坑底部以下的树根、淤泥、腐殖土、草皮及垃圾等要全部清理干净,要求清除至原状土,并换填素土、分层夯实。若基底湿软,可用二灰土(水泥:石灰:土=4:10:86)换填厚度为400~800 mm,并按规范要求夯实,具体数量可视现场情况而定。

4.2.1.2 窨井基础浇筑

校核基坑底部高程无误后,按照图纸要求浇筑混凝土基础。现行条件下一般选择浇筑素混凝土基础,对地质条件较恶劣的位置或者出于增加使用年限的考虑,可选择浇筑钢筋混凝土。

市政窨井基础混凝土底板一般选用C25混凝土,底板厚度根据设计图纸进行施工。窨井基础底板可分为现场浇筑和预制底板两种,一般情况下选择现场浇筑窨井基础底板,倘若工期较紧或者其他特殊情况可选择预制混凝土底板。

在混凝土底板浇筑时,按设计图纸架设基坑底板基础现浇模板,模板采用钢模板,立模高度略高于平基高度。模板检验合格后及时浇筑混凝土,混凝土应符合设计配合比并用插入式振动器振捣密实,待基础终凝后用草袋覆盖养护。浇筑混凝土时要确保基坑周边的土体不剥落,防止影响底板的质量。

混凝土基础必须在强度达到1.2 MPa以后,方可在上面进行下一步施工或者走动。在已硬化的混凝土表面进行下一步施工前,应先作凿毛处理,除掉水泥薄膜和表面上松动石子或软弱混凝土层,并加以充分湿润和冲洗干净，并将残留在混凝土表面的积水清除，铺上与混凝土内砂浆成分相同的砂浆层后再进行井体的砌筑。

针对郑州市大部分地区为黄土的地质特性，为减小土体沉降和湿陷，在进行混凝土基础浇筑之前铺设 150 mm 厚片石垫层，然后再浇筑 150 mm 厚混凝土底板。

4.2.1.3 井体砌筑或者浇筑

市政窨井井体一般采用砌体结构，为增加井体强度和耐久性，越来越多的城市建设部门选择预制混凝土窨井或者现浇混凝土窨井。下面针对使用不同材料的窨井井体施工过程和关键技术加以阐述。

1. 砌体结构井体施工

市政窨井施工中，出于节约耕地的要求，所有砖砌体采用实心、非黏土砖砌筑，按不低于 MU10 砖标准。砌筑水泥砂浆选择不低于 M7.5 水泥砂浆标准。

在井体砌筑之前，首先需要对砌块进行润湿处理，以减少砌筑过程中干燥的砌块吸取水泥砂浆里的水分，这样能使水泥砂浆起到很好的黏结作用。

在混凝土窨井基础上砌筑井体之前，首先对砌筑位置进行凿毛和清洗，然后使用特制的坐浆砂浆进行坐浆整平，坐浆厚度为 10 mm 左右。在进行砌筑时，严格按一铲灰、一块砖、一揉挤法砌筑，严禁使用灌浆法进行施工。实心砌体采用一顺一丁、梅花丁或三顺一丁的砌筑形式。砖砌体的灰缝应横平竖直、薄厚均匀，并且砂浆饱满。砌体水平灰缝的砂浆饱满度不小于 80%，厚度以 10 mm 为准。竖缝采用挤浆或黏浆方法，不得出现明缝，严禁用水冲浆灌缝，控制厚度为 10 mm 左右。砌筑井体的水平灰缝和竖直灰缝要求抹平，以利于后期进行抹面施工。在进行管道与井体衔接施工时，特别要注意承插管头下部及管道周围必须砌筑密实。对需在井体上预留支管接口的，预留支管的管径、方向、标高应符合设计要求，管与井壁衔接处应严密不得漏水，预留支管宜用低强度等级砂浆砌筑封口抹平。检查井的流槽宜与井壁同时进行砌筑，并应用砂浆分层压实抹光。

检查井的各部位尺寸均应符合设计要求，踏步应按设计放平，上下对正，砂浆密实砖要压紧，在砂浆凝固前，不得碰撞，更不允许受力，以免造成松动。砖砌检查井，应随时检测直径尺寸，当需收口时应按设计收进。

砌筑检查井的井室内外壁应按设计要求使用防水砂浆进行抹面。内外抹灰应执行技术操作规范，砂浆要按配比拌和均匀，抹灰要求密实、平整、不得有空鼓现象，流槽应光滑圆顺。一般来讲，污水井要求必须对井体内外壁进行抹面，而雨水井与其他窨井只进行内壁抹面。防水水泥砂浆抹面一般分两层抹面，第一层砂浆抹面后，用木抹子将表面抹成粗糙面或划出纹道。待砂浆收水后抹第二层砂浆，再用木抹子搓平，最后用钢抹子抹光，保证砂浆密实，光亮美观。

在施工过程中一定要摒弃不规范的施工方法，比如井体砌筑时不实行管道对接，在井体砌筑完成后再进行破碎，这是严重违反施工顺序的错误做法。井体砌筑完成后再进行破碎会产生裂缝，严重的甚至会造成砌体结构松动，严重降低井体强度。

郑州市市政窨井在砌筑的过程中选择不低于 MU10 砌块和不低于 M7.5 的砌筑水泥砂浆，符合郑州市建设委员会郑建〔2007〕98 号文《关于促进新型墙体材料发展全面禁用黏土类墙体材料的通知》的要求。抹面、勾缝、坐浆、抹三角灰均用 1∶2防水水泥砂浆，井内、外壁全部用 1∶2防水水泥砂浆抹面厚 20 mm，粉面砂浆内要求掺加聚丙烯纤维，掺加量不少于 0.4 kg/m^3。

2. 混凝土结构井体

市政窨井采用的钢筋混凝土井体一般有两种形式，一种为现浇钢筋混凝土井体，另一种为预制钢筋混凝土井体。预制钢筋混凝土井体在工厂进行统一批量生产，因此其规格和质量都较好，能够很好地满足使用要求。而现浇钢筋混凝土井体在工地上进行现场浇筑，由于施工现场条件复杂，因此需要严格按照施工组织设计和施工工艺要求进行施工。

现将现浇混凝土井体标准施工过程加以阐述。

(1)按照设计图纸对井体钢筋骨架进行绑扎。

进场钢筋符合设计和规范要求。用于工程的钢筋无节疤，不弯曲和没有其他破损。钢筋保持清洁,无锈蚀、锈屑、氧化皮、油、泥土、油漆、混凝土垢及任何可能影响混凝土与钢筋间结合的其他杂物。

保持钢筋保护层的垫块用与现浇混凝土同等强度、颜色和配合比的混凝土制成。

钢筋的安放要求确保位置正确并牢固地固定,保护钢筋位置的支托为同等钢筋或相适应的其他钢制品。绑扎钢筋采用长为 20 cm 左右的扎丝,所有钢筋的交叉处均用软铁丝扎牢,其端头弯入混凝土中。

施工中先将直钢筋切割到要求的长度,由经验丰富的钢筋工进行冷弯。严格按施工规范的相关规定进行钢筋的切割、冷弯。

按钢筋焊接及验收规范的规定要求,进行钢筋焊接作业。

无论是在混凝土浇筑之前或以后都不得将已绑扎的钢筋弯曲或拉直。

(2)井体模板的安装。

在底板混凝土达到设计强度的 70% 后,方可在底板上立模,严格按照图纸所示的纵坡和预拱度设置垫层和基座以及立模和浇注混凝土。井体采用 C25 钢筋混凝土,浇筑井体前,应将底面清扫干净(可用 12 m^3 空压机),凿出毛面,利于混凝土的结合。井体与底板设置的变形缝的位置应一致,现浇混凝土井体,其变形缝内止水带的设置位置应准确牢固,与变形缝垂直,与井体中心对正,架立止水带的钢筋应预先制作成型。

井体的模板采用 02 系列全钢组合大模板(或为竹夹板)。每块成型大模板按墙体尺寸大小由数块标准模板块、非标准模板块组成一整体大模板。为保证整体大模板的刚度,其后背纵向设置几道大背楞,由 10# 槽钢构成。内外井体模板纵向对拉穿墙螺栓,模板要有足够的刚度、强度、稳定的支撑。支模时严格控制模板中线、高程,不得使用变形模板,模板表面要刷润滑油以利脱模。支好的模板满足设计及规范要求。

模板安装顺序:搭设脚手架→模板定位、垂直度调整→模板加固→验收。模板需搭接整齐,安装牢固,待项目部技术人员和监理验收合格后,方可进行混凝土的浇筑。

模板内表面涂刷脱模剂,以防止与混凝土的黏结和便于拆模。在进行涂覆操作时,不得污染邻近的混凝土结构或钢筋结构。在浇筑混凝土前,清除模板成型面上的锯末、刨花、灰尘等其他杂物。

按图纸要求的位置和高程将预埋件或预留管固定在模板上。浇筑混凝土前,确定预埋件和预留孔洞的位置和数量与设计图一致,安装牢固。

(3)井体混凝土的浇筑。

浇筑前,对支架、模板、钢筋和预埋件进行检查,模板内的杂物、积水和钢筋上的污垢清理干净;模板如有缝隙,应填塞严密,模板内面应涂刷脱模剂。

对浇筑混凝土使用的脚手架,应便于人员与料具上下,且必须保证安全。

混凝土的浇筑应连续进行;分层浇筑的压茬间隙时间,当环境温度低于 25 ℃时,不应超过 3 h;当环境温度在 25 ℃及以上时,不应超过 2.5 h。混凝土浇筑不得发生离析现象,井体周围应对称浇筑,高差不宜大于 30 cm。浇筑井体时,应经常观察模板、支撑、钢筋骨架预埋件和预留孔洞,当有变形或位移时,应立即修正。混凝土浇筑应在变形缝处停止。使用 30、50 插入式振捣棒要快插慢拔,插点呈梅花型布置,按顺序进行,不得遗漏。移动间距不大于振捣棒作用半径的 1.5 倍(50 棒应为 52.5 cm,取 50 cm;30 棒应为 40.5 cm,取 40 cm)。振捣上一层时插入下一层混凝土 5 cm 以消除两层间的接缝。振捣时间以混凝土表面出现浮浆及不出现气泡、下沉为宜。

现浇混凝土井体宜采用同一方法养护,使覆盖厚度、养护温度及洒水等条件保持一致。项目部安排专人做好混凝土的日常养护,并有详细的养护日志,预防混凝土出现质量问题。浇筑混凝土时应记好混凝土浇筑记录,并及时取样,送实验室做混凝土的抗渗、抗压试验。

在浇筑过程中或浇筑完成时,如混凝土表面泌水较多,须在不扰动已浇筑混凝土的条件下,采取措施将水排除。继续浇筑混凝土时,应查明原因,采取措施,减少泌水。

混凝土浇筑完成后,对混凝土裸露面应及时进行修整、抹平,确保表面光滑、平整,不出现蜂窝麻面。当混凝土达到一定强度后,要及时洒水养护,天气干燥时还应覆盖养护。

3. 井体顶部高程控制

设窨井井体顶部与路面设计高程的高程差为 H ,井框的高度为 h ,井体上部与井框下部之间的高程差为 $(H-h)$,要求施工过程中 $(H-h)<3$ cm。若高程差太大,在施工时需用特制水泥砂浆进行坐浆,而坐浆层较厚时,需等强度发展到一定程度后方可进行下步施工。

4.2.1.4　**井周回填土**

市政窨井周边沉降碎裂等病害很大程度上是井周回填土选择不合理或者回填施工不规范造成的。进行窨井施工时对井体周边土体进行开挖,井体砌筑完成后进行回填,回填材料的弹性模量、原状土以及道路的各结构层的弹性模量和井体的弹性模量之间存在较大差异,在车辆荷载作用下,导致回填土沉降量、路面沉降量和井体沉降量之间存在较大差异,因此出现窨井周边沉降破坏。

1. 井周回填土施工

在进行井周回填土施工之前应首先清理基坑内积水、建筑垃圾以及施工过程中滑落的较大颗粒土体,进行回填时不得回填淤泥、有机质土和建筑垃圾等,回填土中不应含有石块、砖及其他杂硬带有棱角的大块物体。

井体回填土自基坑两侧同时均匀分层填筑,两侧压实面高程差不超过 30 cm,在回填断头处层层设台阶,台阶宽度不小于 30 cm,在井周边缘和机械碾压不到的地方,使用人工夯实,坚决杜绝漏夯。

严格控制每层回填土的虚铺厚度,并本着一夯压半夯的原则,夯实 3 ~ 4 遍,并随时用环刀检测,确保回填质量,虚铺厚度具体为:井周以及机械碾压不到的位置采用人工夯实,每层 150 ~ 200 mm,其他部位采用机械夯实,每 200 ~ 350 mm 一层,层层夯实,压实度用环刀试验,合格率达 100%。窨井周边回填应同时进行,其高程差不得大于 500 mm,分层夯实,压实度应大于 95%。

使用平板夯或者电动冲击夯进行夯实施工时,应按顺序对整个回填面进行夯实,杜绝首先对某一位置夯实到位再进行其他部位夯实施工的错误做法。针对施工面较小的位置尽量使用冲击夯，夯实施工时施工人员之间要配合默契，减少安全事故。

窨井周边的回填是整个回填施工的难点，应在井体强度达到要求之后才能进行回填土夯实施工。井周回填土夯实时，应减少虚铺土体中的大颗粒滚落至井周边缘，且施工人员要降低冲击夯的拖拽速度，并注意确保夯板不破坏井体外粉面或者对井体施加外力。

回填土压实度严格按照标准执行，要求质检员跟班作业，层层检测，对达不到质量要求的部位坚决返工。

2. 影响回填土压实度的因素[48-50]

土是三相体，土粒为骨架，颗粒之间的空隙被水分和气体所占据。对市政窨井周边回填土进行压实的目的在于使土粒重新组合，彼此挤紧，缩小空隙，提高土体的单位质量，形成更加密实的整体，最终使强度增加，稳定性提高。

市政窨井所选取的回填土一般为细粒土，影响压实效果的因素有内因和外因两个方面。内因是指回填土本身的土质和湿度，外因是指压实功能（如机械性能、压实遍数与速度、虚铺土层厚度）及压实时的外界和人为的其他因素等。

回填土压实度的定义为

$$K = \frac{\gamma}{\gamma_{max}} \tag{4-1}$$

式中　K——压实度；

γ——被检验土的干密度；

γ_{max}——室内击实试验的最大干密度。

压实度是井周填土工程的质量控制指标，在进行施工时井周回填土的压实度控制合理，则能在很大程度上减少窨井周边沉降及碎裂等后期病害。

1）回填土湿度对压实度的影响

为了更简明直观地阐明主要因素对压实度的影响，可参见图 4-1。

图 4-1 中的驼峰曲线，表明土的干密度 γ 随含水量 ω 而变化的规律性。在同等条件下，一定含水率之前，γ 随 ω 增加而提高，主要原因

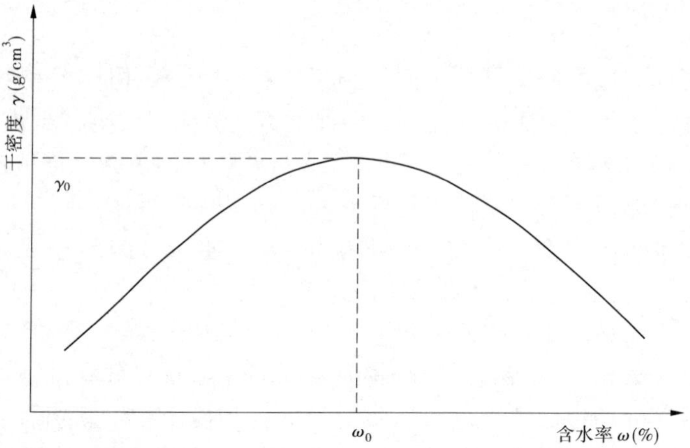

图 4-1 填土的干密度 γ 与含水率 ω 关系示意图

是水起润滑作用,土粒间阻力减小,施加外力后,空隙减小,土粒易于被挤紧,γ 得以提高。γ 值至最大后,ω 继续增大,土粒空隙被水分所占据,而水一般不为外力所压缩,因而 ω 增大,γ 随之降低。通常在一定压实条件下干密度的最大值,称为最大干密度 γ_0(驼峰曲线的最高点),相应的含水率称为最佳含水率 ω_0。在本书中,称在室内标准击实试验时达到的最大干密度为 γ_{max},相应的最佳含水率仍用 ω_0 表示。由此可见,压实时,如果能控制土的湿度为最佳含水率 ω_0,则压实效果为最佳。

2)土质对压实度的影响

不仅土体含水率对压实效果有很大影响,土质对压实度的影响也很大。一般规律是:土质不同,γ_{max} 和 ω_0 数值也不一样,如分散性(液限、黏性)较高的土,其 ω_0 值较高,γ_{max} 较低;砂类土的压实效果优于黏质土,见图 4-2。其机理在于土粒愈细,比面积愈大,土粒表面水膜所需的湿度愈大,加之黏土中含有亲水性较高胶体物质所致。砂类土的颗粒粗,成松散状态,水分极易散失,最佳含水率的概念没有多大的实际意义。

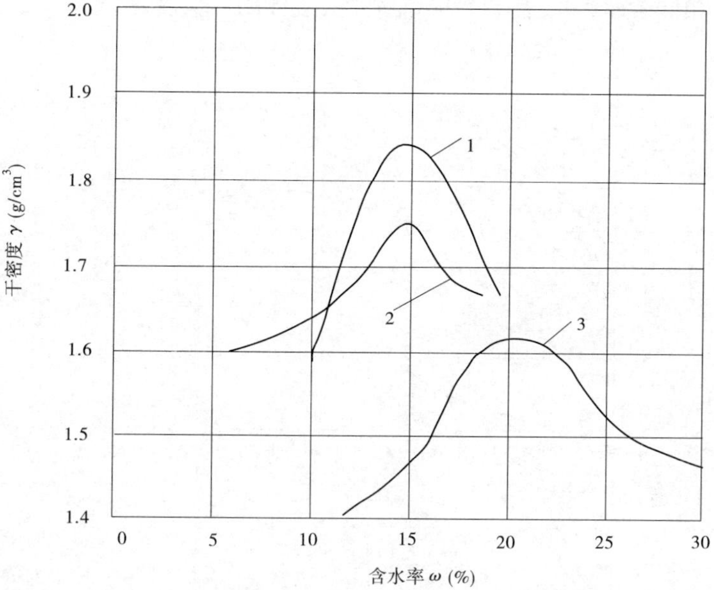

1—粉质砂土;2—黏质砂土;3—高液限黏土

图 4-2　几种土质的压实曲线对照图

3)压实厚度对压实度的影响

压实厚度对压实效果同样具有明显影响。在相同的压实条件下(土质、湿度与功能不变),实测土层不同深度的压实度得知,压实度随深度递减,在表层下 5 cm 最高。不同的压实工具的有效压实深度有所差异,根据压实工具的类型、土质及土基压实的基本要求,路基分层压实的厚度有具体规定数值。一般情况下,夯实厚度不宜超过 20 cm,12 ~ 15 t光面压路机不宜超过 25 cm,振动压路机或者夯击机不宜超过 50 cm。实际施工时的压实厚度应通过现场试验确定合适的摊铺厚度。

4)压实功能对压实度的影响

压实功能(指压实工具的质量、碾压次数或落锤高度、作用时间等)对压实效果来说,是除含水率外的另一个重要因素。图 4-3 是不同压实功能(综合因素)的压实曲线对照图,曲线表明:同一种土的最佳含水率 ω_0 随功能的增大而减小,最大干密度 γ_{max} 则随功能的增大而变大;在相同含水率的条件下,功能越高,土体的压实度越高。

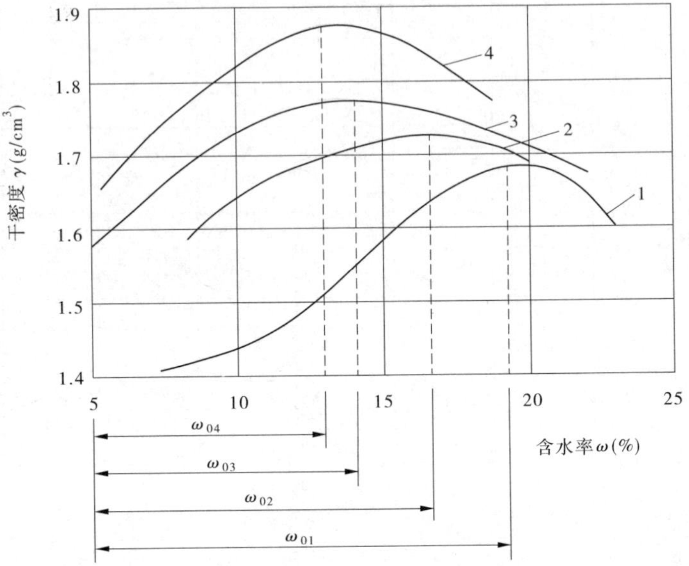

1、2、3、4 曲线的功能分别为 600 kN·m、1 150 kN·m、2 300 kN·m、3 400 kN·m

图 4-3 不同压实功能的压实曲线对照图

根据以上规律,工程实践中可以增加压实功能(压实次数和时间等),以提高回填土强度或者降低最佳含水率。但必须指出的是,用增加压实功能的办法,以提高回填土的压实效果有一定的限度,当功能增加到一定限度以上时,对压实效果的提高愈加缓慢,在经济效益和施工组织上不尽合理,甚至功能过大,破坏土基结构,效果适得其反。

相比之下,严格控制最佳含水率,要比增加压实功能收效大得多。如果土的含水率过大,此时如果增大压实功能,必将出现"弹簧现象",压实效果很差,造成返工浪费。所以,在进行井周回填土施工的过程中,控制最佳含水量是首要关键,在此前提下采取分层填土夯实,控制有效土层厚度,必要时可以通过增大压实功能来提高压实效果。

3. 回填土压实标准[51]

窨井回填土施工一般在室外进行,受多种条件限制,很难达到室内标准击实试验所得的最大干密度 γ_{max} ,应予适当降低。根据 02S515 排水检查井图集可知,窨井回填土压实度根据路面要求而定,但不应低于 95% 。由于市政窨井高度一般都大于路面结构层的厚度,因此在对路面结构层高程以下井周回填土进行施工时,其回填土压实度不应低于 95% 。处于路面结构层的回填土的压实度应根据《城镇道路工程施工与质量验收规范》(CJJ 1—2008)中的城市道路沥青混合料面层压实度要求(见表 4-1)和城市道路基层和底基层压实度要求(见表 4-2、表 4-3)来进行施工。

表 4-1　城市道路沥青混合料面层压实度要求

道路等级	热拌沥青面层 压实度(%)(重型击实)	冷拌沥青面层 压实度(%)(重型击实)
城市快速路及主干路	≥96	≥95
次干路及其他道路	≥95	

表 4-2　城市道路基层、底基层压实度要求(一)

道路等级	石灰稳定土 压实度(%)(重型击实)		水泥稳定土 压实度(%)(重型击实)	
	基层	底基层	基层	底基层
城市快速路及主干路	≥97	≥95	≥97	≥95
次干路及其他道路	≥95	≥93	≥95	≥93

表 4-3　城市道路基层、底基层压实度要求(二)

级配砂砾、级配砾石 压实度(%)(重型击实)		级配碎石、级配碎砾石 压实度(%)(重型击实)	
基层	底基层	基层	底基层
≥97	≥95	≥97	≥95

郑州地区为黄河冲击而成,其土壤黏性较低,进行窨井井周回填时

选 7 d 无侧限抗压强度大于 0.4 MPa 的二灰土(水泥: 石灰: 土 =4: 12: 84)进行回填,使用电动冲击夯进行夯实,其压实度要求应严格执行上述标准。

4.2.1.5 窨井盖框安装

窨井盖框安装的关键是高程控制,要求井盖框安装完毕后与路面的顶部高程一致,因此安装过程中需要借助水准仪进行高程控制。

首先使用水准仪测量出井体顶部与路面设计高程的高程差 H,根据井框的高度 h 则可计算出井体上部与井框下部之间的高程差为 $H-h$ 。若 $H-h \leqslant 3$ cm,则采用水泥混凝土进行坐浆,然后安放井框;由于垫层材料强度发展较慢,因此在井盖安装施工完成后尚不能开放交通,需养护 1 ~2 d 之后方可开放交通,为减小对交通的影响,可以选择使用早强混凝土。在垫层施工时严禁掺入砖渣等其他工程废料做支垫。

垫层施工完毕,进行井框安装。井框坐落在混凝土垫层上,为使混凝土垫层与井框黏结牢固,需使水泥混凝土包围井框高度为$\frac{1}{2}h$ 。若包围高度太低,则混凝土垫层与井框黏结不牢固,易发生井框偏移等病害;若包围高度太高,则垫层上部摊铺的沥青混凝土厚度不够,易发生破碎。

井框安装完毕之后,进行井周沥青的铺筑。由于窨井的存在,井周沥青混凝土不易压实,因此需用冲击夯对其进行充分夯实。夯实时,需进行分层夯实,控制压实度,使回填沥青混凝土与路面沥青的压实度一致。最后进行井盖安放,井盖必须坐浆放正,注意井盖开启方向,各井应一致。

4.2.2 市政病害窨井维修施工

不同于新修窨井,病害窨井的维修施工是指对已建窨井的病害进行处理,使其能更好地发挥功能效应,防止窨井病害加剧,减少对窨井周边路面结构和交通安全威胁的施工。病害窨井的维修施工一般在离路面结构上表面 0.5 m 以下的井周 50 cm 范围内进行,因此不需扰动窨井下部结构。

由于现阶段郑州市针对病害窨井的维修选择使用防沉降窨井，因此施工关键技术依附于防沉降窨井的安装。

4.2.2.1　准备工作

为减小对城市交通的影响，市政病害窨井的维修施工一般在夜间0点以后进行，此时车流量小，利于施工，且可以给水泥混凝土和沥青混凝土一定的养护时间。在施工工作进行之前，首先要做好封路围护工作，放置荧光指示标识，保证施工人员、施工器械和交通车辆的安全，保证施工的顺利进行。

4.2.2.2　病害窨井井周破碎

使用路面切割机或者井周铣刨机对病害窨井井周路面进行切割，切割范围依据井周路面的破坏范围而定，一般在井周50 cm左右范围内。切割深度根据井体上部是否碎裂而定，若井体上部完好，则切割至井体上部即可。然后使用破碎镐对切割后的病害路面进行破碎，边破碎边清理，破碎面要均匀、整齐，利于后续施工。

将原窨井盖框取出，清理干净操作面，使井口平整，清理过程中避免使建筑垃圾落入井筒中。

4.2.2.3　钢筋混凝土调节环的放置

在井体上部使用特种砂浆进行坐浆，将钢筋混凝土调节环平稳安放在井体上部，并需保证混凝土调节环的上表面离最终路面12～16 cm。混凝土调节环的主要目的是增强井体与防沉降窨井盖框的连接处的强度。

安放钢筋混凝土调节环时应首先检查是否有钢筋外漏、调节环有明显裂缝的现象，坚决杜绝问题调节环的使用。钢筋混凝土调节环安装完毕后，使用DS3型水准仪，用“十字法”控制钢筋混凝土调节环的位置，使钢筋混凝土调节环与路面表面的高程差在允许范围内。

4.2.2.4　安装限位井圈的放置

将安装限位井圈以承插方式放入钢筋混凝土调节环中，安装限位井圈上部高于路面标高2 cm。安装限位井圈由铸铁制成，可重复利用，其主要作用是增强井口沥青的密实度，防止进行夯实操作时沥青滑落。

4.2.2.5 施工面淋乳化沥青

在进行沥青混凝土回填之前,应在回填面和钢筋混凝土调节环上部喷洒黏层油,使回填材料与破碎面和安装限位井圈能够更好地黏结。使用机械切割过的切割面,其上也需喷洒适量的乳化沥青或者使用固体沥青黏结条,防止因沥青收缩而产生的伸缩缝。黏层油宜采用乳化沥青,施工时应使用沥青洒布车或者手动沥青洒布机喷洒,黏层油应喷洒均匀,有花白遗漏情况时应进行人工补洒,其用量为 0.4 L/m^2。

4.2.2.6 沥青混凝土的回填及井盖的安放

在上述工序进行完之后,需对井周施工开挖部分进行回填,回填材料使用与路面结构面层相同的沥青混凝土。在进行沥青混凝土回填时应进行分层回填,每层虚铺厚度为 5 ~6 cm,然后使用夯实器械进行夯实。在回填到与路面面层接近同一高度时,应虚铺 2 cm 左右的细沥青,然后安放窨井盖,使用振动压路机进行碾压,最终使修补面平整,修补面允许高出路面不超过 1 cm。

4.3 窨井施工质量控制模型[52]

市政窨井施工项目虽然工程量小、工期短,但是受多种因素干扰,每一种未事先考虑到的影响因素都可能使得工程的实施情况与既定目标发生偏差。动态控制方法就是对市政窨井施工项目的实施过程进行有效的监测、检查和调整,这种动态控制思想通过目标控制使项目按预定的轨迹运行和实施,实现对工程项目的质量、成本和进度三大目标的跟踪和分析,使施工过程和项目管理实现良性循环,确保工程建设项目的既定目标的实现。

动态控制模型以事前控制为前提,过程控制为主体,事后控制为保证,强调主动控制与被动控制相结合。质量、成本、进度控制是现代工程建设项目管理的核心,因为一个项目成功与否要看它是否在合适的时间内以合理的成本使项目满足合同规定的功能价值,因此本书将质量目标置于市政窨井施工项目中的三大目标之首。项目管理不纯粹是以追求最高的质量为目标,而是使工程的质量满足合同要求并适当留有余量。因此,本书的动态控制模型在确保工程质量的基础上,充分考虑成本和进度,实现以工序质量控制为重点的施工项目全过程的动态控制和管理。

4.3.1　市政窨井施工动态控制模型[53]

施工项目的动态控制原理主要包括施工规划、实施、跟踪和协调这四个部分。就市政窨井施工项目而言,规划主要是依据工程项目合同,以项目管理为规划目标,制订工程项目的具体实施计划;跟踪是对规划目标进行跟踪,把握当前项目的实施情况并与规划目标进行比较和分析;协调主要是指依据工程的质量和进展情况调整项目实施计划、项目资源计划以及调整参与项目施工的各方之间的关系。基于以上动态控制原理,本书提出了如图 4-4 所示的动态控制模型,即目标控制是动态的,并且贯穿于市政窨井施工项目实施的始终。这个流程应该每一个工作周期循环一次,其表述的具体含义如下:规划分析包括对窨井施工项目的事前控制和主动控制,在施工进行前由有经验的窨井施工管理者和施工技术人员对市政窨井施工过程中主要工序上可能出现的影响质量、成本和交通的主要因素进行一一列举并进行分析,主要的影响因素应引起充分重视,尽量避免问题发生。项目经理作为工程的管理者,根据多年的工程管理经验,须严格控制这些主要的影响因素。在施工的过程中项目管理者应组织技术人员及时收集相关数据,并对数据进行整理、分析,从而对项目的施工质量作出评估。在完成评估的前提下,根据工序能力指数判断工序状态,如果工序能力不足则采取相应的改进措施,使其达到稳定状态。若工序能力过强,则需对成本和进度进行监控,设法在降低成本的基础上加快进度。随后进入下一个周期的循环动态控制,形成新的动态管理闭合线路。

4.3.2　工序能力及其指数的含义与计算

工序是构成施工项目的基本单元,施工项目质量的好坏与工序质量的优劣有着密不可分的关系。因此,检验一个工程项目的施工质量

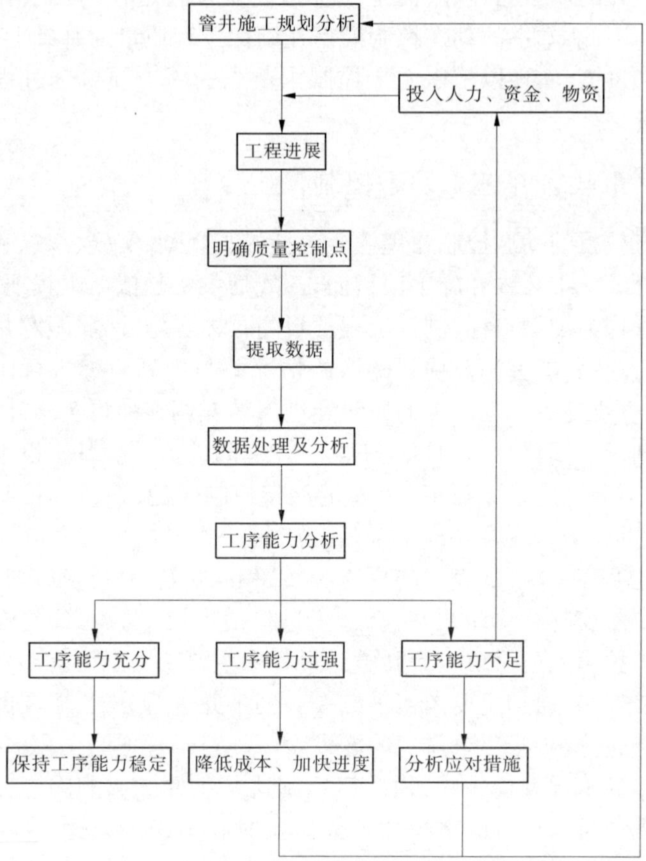

图 4-4　动态控制模型

是否符合要求时，其核心就是对该项目的工序质量进行检测分析，而工序能力指数 C_p 或 C_{pk} 是衡量施工工序质量的主要标准，在此把工序能力指数作为衡量窨井施工质量的一个重要指标。

4.3.2.1　工序能力的定义及其计算公式

在工程项目管理中，把工序能力定义为在标准条件下工序对施工项目质量的保证程度，把工序能力指数定义为某一道工序成果的精度满足公差要求的程度，用 C_p 或 C_{pk} 表示。C_p 表示工序能力分布中心值与测定数据的中心值一致时，即在无偏差情况下的工序能力指数；C_{pk} 表示工序能力分布中心值与测定数据的中心值不一致时，即在有偏差的情况下的工序能力指数。

计算工序能力的公式一般为

$$A = 6S \tag{4-2}$$

式中　A ——工序能力；

S ——工序质量特性的统计数据的标准差。

A 值越大，工序能力越弱；A 值越小，工序能力越强。因此，提高工序能力的关键在于减小样本标准差 S 的值。

4.3.2.2　工序能力指数的计算公式

为了计算工序能力指数 C_p 或 C_{pk}，首先需要计算出某一工序的一批样本数据的样本均值 $\overline{X}$ 和样本标准差 S，在此基础上来估计总体样本均值 μ 和标准差 σ，从而计算出工序能力指数 C_p 或 C_{pk}。

在双侧公差的情况下，当同时给出某质量标准的上下界限时，工序能力指数按下式计算

$$C_p = \frac{T}{6S} = \frac{T_u - T_d}{6S} \tag{4-3}$$

式中　T ——公差范围；

T_u ——公差上限；

T_d ——公差下限。

在单侧公差的情况下，某些质量指标只给出上限或者下限，例如公路施工项目中，浇筑混凝土量在 1 m^3 以内时，表面不平整度只规定其上限；对于混凝土的抗压强度则只规定其下限。对于上述两种情况，工序能力指数可用下式计算

$$C_p^u = (T_u - \overline{X})/(3S) \tag{4-4}$$

$$C_p^d = (\overline{X} - T_d)/(3S) \tag{4-5}$$

式中　C_p^u——规定质量指标上限时的工序能力指数；

C_p^d——规定质量指标下限时的工序能力指数。

在给定双侧公差的情况下，工序质量数据分布中心 $\overline{X}$ 与公差中心

的偏离值为 ε ,此时工序能力指数 C_{pk} 的计算公式如下:

$$C_{pk} = \frac{T_u - T_d - 2\varepsilon}{6S} \tag{4-6}$$

其中: $\varepsilon = \left| \frac{T_u - T_d}{2} - \overline{X} \right|$,令 $k = \frac{2\varepsilon}{T}$ (k 表示平均值的偏离程度),则式(4-6)可变为

$$C_{pk} = (1 - k) \frac{T_u - T_d}{6S} \tag{4-7}$$

需要说明的是,对于市政窨井等施工项目来说,并非工序能力越强越好。因为工序能力指数越大,尽管对施工项目的质量保证程度越高,但在某种程度上来说肯定是以牺牲成本或者牺牲进度为代价的。根据经验,一般以 $C_p = 1.33$ 为标准对某一特定工序进行工序能力分析。

若工序能力指数 $C_p \geqslant 1.33$,说明工序能力充分满足,但应考虑其经济成本和进度,控制工序状态,使项目实施过程保持稳定。

若 C_p 足够大,一般大于 1.67 时,可以考虑适当降低对原材料以及生产设备等生产要素的要求,以达到降低生产成本,提高施工效率的目的。

若 $1 \leqslant C_p \leqslant 1.33$,不合格率在 0.3% 以下是在窨井施工项目实施过程中所希望控制的理想范围,但 C_p 接近 1 时则应注意超差的发生,对策是随时掌握项目质量情况,加强监控,以便及时收集数据进行分析,并采取相应的应对措施。

若 $0.67 \leqslant C_p \leqslant 1$,则说明项目不合格率上升,可达到 4.56% ,说明工序能力明显不足,应采取有效的措施,比如改善施工方法、工艺设备;提高原材料供给质量,加强对施工人员以及器械操作人员的指导和教育,从而提高其业务水平。

若 $C_p \leqslant 0.67$,则说明不合格率达 5% ,工序能力已严重不能保证施工项目质量的稳定性。这时应及时停工,分析查找主要影响因素,采取有效措施,提高工序能力。

4.3.3　施工质量动态控制模型在窨井施工中的应用

为了便于说明问题,本书以市政窨井井周回填土这一项目单元为

例说明动态模型在市政窨井施工项目中的具体应用。

(1)确定检测目标,即检测井周回填土的压实度。

若设计压实度下限为95%,针对某一施工路段的不同位置的窨井周边回填土进行取样检测。首先采集不同位置窨井回填土样,做好编号,分别计算土样现场干密度 γ,接着进行室内标准击实试验以得到不同土样的最大干密度 γ_{max},最终得到不同土样的压实度数据。

(2)进行压实度数据的采集和分析。

对某一施工路段选取 6 座窨井的回填土进行取样检测,每座窨井选取 8 个回填土取样点,所得数据如下:

95.8, 96, 95.4, 95.6, 95.6, 95.7, 95.7, 95.5

95.9, 95.8, 95.5, 96, 95.6, 95.8, 95.7, 95

96, 95.4, 95.8, 95.8, 95.6, 95.8, 96.3, 95.4

95.6, 95.9, 95.8, 95.6, 95, 95.8, 96.2, 95.3

95, 95.8, 96, 96, 96.1, 95.9, 95.7, 96

95.6, 95.8, 96, 95.8, 95.9, 96, 95.8, 95

而对样本数据进行分析整理后可得

$$\overline{X} = \sum \frac{X_i}{n} = 95.7 \quad (X_i \text{ 为第 } i \text{ 个样本观测值}, n = 48)$$

$$S = \left[\frac{\sum (X_i - \overline{X})^2}{n - 1} \right]^{\frac{1}{2}} = 0.302$$

(3)根据步骤(2)中得出的数据计算工序能力指数,由于是计算水泥稳定类基层压实度的问题,只给出规定下限, 因此利用式(4-5)可得

$$C_p^d = (\overline{X} - T_d)/(3S) = (95.7 - 95)/(3 \times 0.302) = 0.773$$

(4)进行工序能力分析,根据步骤(3)中的计算结果,工序能力指数 $0.67 \leqslant C_p = 0.773 \leqslant 1$,表明不合格率上升,工序能力已不能有效保证项目质量的稳定性。这时应分析查找原因,采取果断措施,提高工序能力。对照市政窨井施工质量控制要点看是否由以下两个主要原因造成:

①回填材料情况。

为了保证回填质量,选择合适的回填材料。根据试验取样的料场,

原材料要经严格的检验,其含水量和各种材料的配比要随时抽检。

②虚铺与夯实。

此环节为控制市政窨井施工质量好坏的关键,应重点严格控制。在进行回填施工的过程中,严格控制每层回填土的虚铺厚度,并本着一夯压半夯的原则,夯实3~4遍,并随时用环刀检测,确保回填质量。虚铺厚度具体为:井周以及机械碾压不到的位置采用人工夯实,每层150~200 mm,其他部位采用机械夯实,每200~350 mm一层,层层夯实,压实度用环刀试验,合格率达100%。窨井周边回填应同时进行,其高差不得大于500 mm,分层夯实,压实度应大于95%。

4.4 本章小结

在广泛调研的基础上,对窨井施工工艺进行了系统的分析、总结,提出了关于新修市政窨井施工优化技术和病害窨井养护维修施工优化技术,以及施工过程中的关键施工质量控制点,比如高程、回填土压实度等;为了更好地控制施工质量,建立了基于工序能力的市政窨井施工质量动态控制模型,并在窨井回填土施工质量控制中进行了应用,且取得了良好效果。

第 5 章　窨井使用状况评价及预测

市政窨井属于城市道路的附属构筑物,但其对道路的使用、管道的铺装和城市雨、污水的排放均有不容忽视的影响。随着城市化的发展,各种公用管道越来越多,城市道路中窨井的密度也越来越大,出现各种病害的概率也相继提高,这对城市窨井的养护和维修是一个很大的挑战。

5.1　窨井病害及养护维修措施[54]

本书第 2 章详细列举并分析了市政窨井常见病害,但是从病害发生的结构部位来分,可以分为井周路面病害、窨井盖框病害和井体病害三大类。同一结构部位在进行养护维修时,要既能修复既有较严重的病害,又能对轻微病害进行防治。

5.1.1　井周路面病害及养护维修措施

市政道路上的窨井盖应安装牢固并保持与路面平顺相接,窨井及其周围路面 1.5 m×1.5 m 范围内不得出现沉陷或突起。井周路面病害是窨井最普遍的病害,在交通荷载的作用下,窨井经过多年的使用,井周路面的沉降量和路面的沉降量存在差异,导致井周路面沉降开裂(多数为网裂),更严重的甚至出现井周路面破碎甚至脱皮,在井周处形成坑槽。

对于已经对井周路面进行过养护维修的窨井,其周边路面仍存在较为严重的问题,除存在上述的沉降开裂和破碎病害外,多数窨井的井周修复面与路面接缝开裂严重。

井周路面病害及相应的养护维修措施见表 5-1。

表 5-1　井周路面病害及相应的养护维修措施

井周路面病害	相应的养护维修措施
井周路面开裂宽度≤10 mm	沥青灌缝
井周路面开裂宽度≥10 mm	沥青混合料填缝
井周路面麻面与松散	麻面采用嵌缝处治,面层松散需重新铺筑
井周路面轻微沉降	凿除病害路面,重新铺筑面层
井周路面沉降严重	加大路面凿除深度,甚至重新进行井周回填施工
井周路面脱皮、出现坑槽	凿除病害路面,重新铺筑面层

(1)井周路面裂缝的维修应符合以下规定:

①缝宽在 10 mm 以内时应采用热沥青灌缝,缝内潮湿时应采用乳化沥青灌缝;

②缝宽在 10 mm 以上时应采用细粒式热拌沥青混合料或乳化沥青混合料填缝。

(2)井周路面麻面与松散的维修应符合以下规定:

①已成松散状态的面层,应将松散部分全部挖除,重铺面层,或按 $0.8 \sim 1.0\ kg/m^2$ 的用量喷洒沥青,撒布石屑或粗砂进行处治;

②沥青面层因不贫油出现的轻微麻面,可在高温季节撒布适当的嵌缝料处治;

③大面积麻面应喷洒沥青,并撒布适当粒径的嵌缝料处治;

④可采用稀浆封层或微表层处理等方法维修。

(3)井周路面的沉降维修应符合以下规定:

①当土基和基层已经密实稳定时,可只修补面层;

②当土基或基层被破坏时,应先修补基层再重铺面层。

(4)井周路面脱皮、坑槽的维修应符合以下规定:

①封层的脱皮应清除已脱落和松动的部分再重新做上封层;

②沥青面层层间产生脱皮,应将脱落及松动部分清除,在下层沥青

面上涂刷黏层油，并重铺沥青层。

5.1.2　窨井盖框病害及养护维修措施

窨井盖框暴露在路面上，车辆驶过时，井盖直接承受来自车辆的荷载，特别是在城市主干道上，窨井承受的交通量几倍于次干路和其他道路，因此窨井盖病害多发生在城市主干道上。

窨井盖框的病害主要包括以下 4 个方面：

(1)窨井盖框下沉或者突起。

(2)窨井盖框倾斜。

(3)窨井盖框开裂或者破损。

(4)窨井盖框异响。

窨井盖框病害及对应的养护维修措施见表 5-2。

表 5-2　窨井盖框病害及相应的养护维修措施

井盖病害	相应的养护维修措施
窨井盖下沉或者突起≥5 mm	对井周路面进行破碎挖除，坐浆调整高程并重新安放窨井盖框
窨井盖倾斜	
窨井盖开裂或者破损	更换窨井盖
窨井盖异响	加铺或者更换橡皮垫

5.1.3　井体病害

郑州市目前大部分窨井井体仍由砌块砌筑而成，少部分为混凝土井体。

对于砌筑井体，其病害主要有井筒内壁缺少砂浆抹面、抹面砂浆剥落和砌体结构粉化剥落。少数井体由于建成年限较长，在当时的条件下，施工水平和标准不高，造成井筒内壁缺少砂浆抹面。在这种情况下，砌块极易在污水的腐蚀下粉化剥落，降低井体的强度，对窨井和交通的安全造成威胁。

对于混凝土浇筑井体,由于其强度高,且建成年限较短,因此病害相对较少,主要病害有混凝土井体上部破损和混凝土剥落等病害。混凝土井体上部破损主要是在施工过程中产生的,加强施工管理即可避免此类病害。

井体病害及相应的养护维修措施见表5-3。

表5-3　井体病害及相应的养护维修措施

井体材质	井体病害	相应的养护维修措施
砌体结构	缺少防水砂浆抹面	加抹防水砂浆
	砌体结构粉化剥落	拆除到完好界面重新砌筑
	砂浆抹面剥落	剥落处加抹防水砂浆
	井墙塌帮	拆除到完好界面重新砌筑
混凝土结构	混凝土井体上部破损	混凝土修补
	混凝土剥落	混凝土修补

市政窨井井体病害的养护维修应符合以下规定:

(1)井筒腐蚀、损坏或井墙塌帮,应拆除到完好界面重新砌筑。

(2)砌筑材料宜采用页岩砖、建筑砌块或预制混凝土检查井。

(3)整平、调整井口高度时不得使用碎砖、卵石或土块支垫。

5.1.4　井周病害养护维修分类

根据上述的井周路面病害、窨井盖框病害和井体病害的养护维修措施,将市政窨井的养护维修按规模分为三类:日常养护与小修、中修和大修补强与重建。详细的养护维修措施分类见表5-4。

由表5-4和窨井养护维修情况可知,市政窨井的养护维修以日常维护与小修为主,中修和大修为辅。在做好市政窨井日常养护维修的情况下,防止微小病害进一步发展和加剧,进一步避免中修甚至是大修。

表5-4　市政窨井养护维修措施分类

结构部位	养护维修措施	养护维修措施分类		
		日常维护与小修	中修	大修补强与重建
窨井盖框	井周路面破碎，坐浆调整窨井盖框高程		√	
	更换窨井盖框		√	
	加铺或更换橡皮垫	√		
井周路面	沥青灌缝、沥青混合料填缝	√		
	井周病害路面凿除，重新铺筑		√	
	井周重新回填			√
窨井井体	砌筑井体防水砂浆修补或抹面	√		
	病害砌筑井体拆除并重新砌筑		√	
	混凝土井体修补	√		
	窨井重建			√

5.2　市政窨井技术状况评价

市政窨井的养护状况的评定依附于城市道路的养护状况评定，但窨井作为单独的结构，其病害的发生率、严重程度和对城市交通安全的影响都不容忽视。因此，应建立市政窨井单独的技术状况评价体系。本节将在参照《城镇道路养护技术规范》(CJJ 36—2006)的基础上，初步探讨市政窨井技术状况评价问题。

5.2.1　市政窨井技术状况评价指标体系的建立

市政窨井组成部分主要包括井周路面、窨井盖框和窨井井体三大部分，因此其技术状况评定指标体系也应由井周路面完好率、窨井盖框完好程度和窨井井体完好程度构成,评价指标体系如图 5-1 所示。

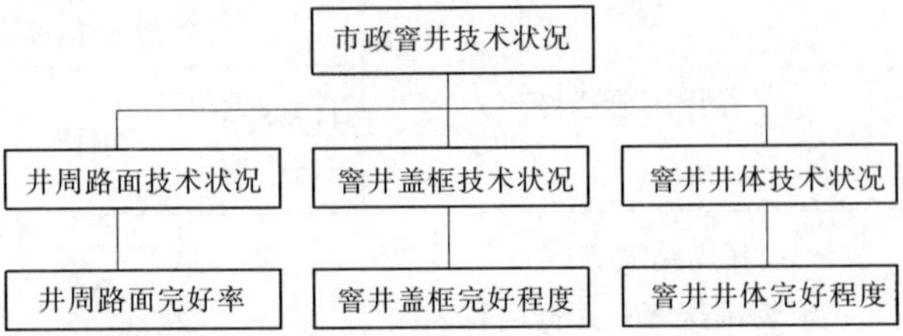

图 5-1　市政窨井技术状况评价指标体系

5.2.2　市政窨井技术状况评价指标的确定

5.2.2.1　井周路面完好率

在进行井周路面病害检查时,应将所有病害状况记录于表 5-5 中,然后按式(5-1)计算井周路面完好率。

$$P_r = \frac{F - \sum F_{ri}}{F} \times 100\% \tag{5-1}$$

式中　P_r ——井周路面完好率;

F ——井周路面面积,m^2,对于我国城市道路普遍采用的窨井形式[17],其值为 $1.5 \times 1.5 - \pi 0.366^2 = 1.83(m^2)$;

F_{ri} ——井周路面病害面积,m^2。

表 5-5　井周路面病害检查记录表

编号	井周路面病害面积 F_{ri} (m^2)					$\sum F_{ri}$	P_r
	开裂	松散	碎裂	坑槽	沉陷		
1							
2							
⋮							
n							

表中病害情况界定:①开裂:裂缝长度等于或者大于 0.5 m,缝宽等于或大于 3 mm,则按裂缝长(m)×0.2 m 计算;②松散:路面结合料

失去黏结力,集料松动,面积在 0.01 m^2 以上;③碎裂:井周路面开裂成网格状,面积小于 1 m^2,按其外界长 × 宽计算;④坑槽:路面破坏成坑洼,深度大于 20 mm,面积在 0.01 m^2 以上,如小面积坑槽较多且间距又小,应合在一起量测;⑤沉陷:路面路基有竖向变形,路面下凹深度在 30 mm 以上。

5.2.2.2　窨井盖框完好程度

窨井盖框病害评价见表 5-6,窨井盖框完好程度评价值按式(5-2)计算

$$S_L = 100 - D_L \tag{5-2}$$

式中　S_L ——窨井盖框完好程度评分;

D_L ——窨井盖框病害累计扣分。

表 5-6　窨井盖框病害检查记录表

编号	盖框下沉或突起	盖框倾斜	井盖开裂、破损	井盖异响	累计扣分 D_L	完好程度评分 S_L
	标度 ×4	标度 ×5	标度 ×9	标度 ×2		
1						
2						
⋮						
n						

在进行窨井盖框病害评分时,将病害分为 5 个标度,即 1、2、3、4 和 5 级,病害程度依次增大。

5.2.2.3　窨井井体完好程度

窨井井体病害评价见表 5-7,其完好程度评价值按式(5-3)计算

$$S_W = 100 - D_W \tag{5-3}$$

式中　S_W ——窨井井体完好程度评分;

D_W ——窨井井体病害累计扣分。

在进行窨井井体病害评分时,将病害分为 5 个标度,即 1、2、3、4 和 5 级,病害程度依次增大。

表 5-7 井体病害检查记录表(以砌体结构井体为例)

编号	防水砂浆病害	井体塌帮	砌体结构粉化	累计扣分 D_W	完好程度评分 S_W
	标度×7	标度×6	标度×7		
1					
2					
⋮					
n					

5.2.3 市政窨井技术状况评价模型

根据以上分析可知,市政窨井技术状况评价指标既有定量指标又有定性指标,因此利用模糊数学理论可实现对市政窨井技术状况的综合评价。具体过程如下[57-60]。

5.2.3.1 确定市政窨井技术状况评价的因素集和评语集

市政窨井技术状况评价指标由井周路面完好率、窨井盖框完好程度评价值和窨井井体完好程度评价值构成,因此市政窨井技术状况评价的因素集可表示为

$$U = [P_r, S_L, S_W] \tag{5-4}$$

根据工程中习惯采用的评价等级,将市政窨井技术状况分为优、良、合格和不合格四级,即市政窨井技术状况评价的评语集可表示为

$$V = [\text{优}, \text{良}, \text{合格}, \text{不合格}] \tag{5-5}$$

其中,各评价指标的评价等级标准建议按表 5-8、表 5-9 采用。

表 5-8 窨井井周路面技术状况评定等级标准

养护状况等级	完好率 P_r(%)	养护状况等级	完好率 P_r(%)
优	≥90	合格	$60 \le P_r < 80$
良	$80 \le P_r < 90$	不合格	<60

表 5-9　窨井盖框与窨井井体技术状况评定等级标准

养护状况等级	完好程度评分 S_L（S_W）	养护状况等级	完好程度评分 S_L（S_W）
优	≥90	合格	$60 \le S_L (S_W) < 75$
良	$75 \le S_L (S_W) < 90$	不合格	< 60

5.2.3.2　确定市政窨井技术状况各项评价指标 P_r，S_L，S_W 的权重[55,56]

在多指标综合评价中，权重系数的确定是一个重要的步骤，各评价指标权重分配不同会直接导致评价对象优劣顺序的改变，因而权重的合理性、准确性直接影响评价结果的可靠性，科学地确定指标权重在多指标综合评价中是举足轻重的。层次分析法（Analytic Hierarchy Process，简称 AHP），是一种常用的权重确定方法，它是由美国匹兹堡大学的 T. L. Saatty 教授等提出的 。这是一种定性和定量相结合的、系统化的、层次化的分析方法，将人们的思维过程数学化、模型化、规范化，便于人们接受。层次分析法是一种测度难于量化的复杂问题的手段，它能在复杂决策过程中引入定量分析，并充分利用决策者在两两比较中给出的偏好信息进行分析与决策支持，既有效地吸收了定性分析的结果，又发挥了定量分析的优势，从而使评估过程具有很强的条理性，而且层次分析法具有很强的兼容性，它可以与 Delphi 法、因子分析法、聚类分析法结合使用。根据 AHP 法原理，经计算确定的各指标权重如表 5-10 所示。

表 5-10　窨井技术状况各评价指标权重

设施种类	窨井井体	井周路面	窨井盖框
权重	0.31	0.36	0.33

5.2.3.3　确定市政窨井技术状况各项评价指标对评价等级的隶属度

结合建议的各评价指标的评定等级标准，选取图 5-2 所示的隶属函数形式来确定各项评价指标对评价等级的隶属度。

5.2.3.4　模糊综合评价

根据隶属函数确定各指标的隶属度向量 $\boldsymbol{R}_i = [r_{i1}, r_{i2}, r_{i3}, r_{i4}]$，得

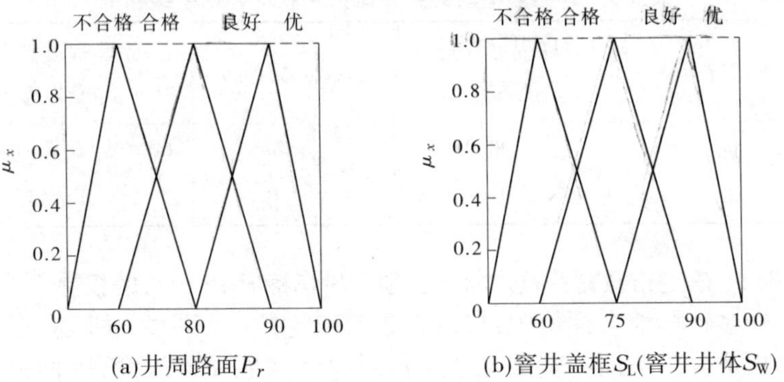

图 5-2　各项指标对评价等级的隶属度函数

到关于市政窨井技术状况的总体模糊评价矩阵

$$\boldsymbol{R} = \begin{bmatrix} r_{11} & r_{12} & r_{13} & r_{14} \\ r_{21} & r_{22} & r_{23} & r_{24} \\ r_{31} & r_{32} & r_{33} & r_{34} \end{bmatrix} \tag{5-6}$$

将权重向量 $\boldsymbol{W}$ 与模糊评价矩阵 $\boldsymbol{R}$ 合成，即可以得到被评对象与评价等级间的模糊关系

$$\boldsymbol{B} = \boldsymbol{W} \cdot \boldsymbol{R} = [w_1, w_2, w_3] \cdot \begin{bmatrix} r_{11} & r_{12} & r_{13} & r_{14} \\ r_{21} & r_{22} & r_{23} & r_{24} \\ r_{31} & r_{32} & r_{33} & r_{34} \end{bmatrix} = [b_1, b_2, b_3, b_4] \tag{5-7}$$

其中，b_j 的含义是综合考虑所有的评价指标时，评价对象对评价集中第 j 个等级的隶属度。根据最大隶属度原则确定最终评价等级。

5.2.3.5　应用示例

某市政窨井各分项评价指标检测结果如下：P_r 为 85%，S_L 为 65，S_W 为 70，则根据各评价指标相对应的评价等级隶属函数可得

$$\boldsymbol{R}_1 = [r_{11}, r_{12}, r_{13}, r_{14}] = [0.5, 1, 0.5, 0]$$

$$\boldsymbol{R}_2 = [r_{21}, r_{22}, r_{23}, r_{24}] = [0, 0.33, 1, 0.67]$$

$$\boldsymbol{R}_3 = [r_{31}, r_{32}, r_{33}, r_{34}] = [0, 0.67, 1, 0.33]$$

则

$$\boldsymbol{B}=\boldsymbol{W}\cdot\boldsymbol{R}=[0.36,0.33,0.31]\cdot\begin{bmatrix}0.5 & 1 & 0.5 & 0\\0 & 0.33 & 1 & 0.67\\0 & 0.67 & 1 & 0.33\end{bmatrix}$$

$$=[0.18,0.68,0.82,0.32]$$

根据最大隶属度原则,该窨井技术状况综合评价为“合格”。

5.3 窨井使用状况预测

市政窨井井周路面、窨井盖框和井体在行车和雨水侵蚀等自然因素的作用下,其破坏程度会随时间和轴载作用次数而逐渐加剧。当破坏达到某一程度时,就可能会对交通安全造成不利的影响,市政管理和养护部门就需要采取相应的养护维修措施来提高其使用性能。市政窨井的使用性能直接影响窨井的养护维修对策和资金投入,为了在时间和空间上优化分配给定的养护预算,制定最佳养护对策,科学地选择养护维修时间以及方案,就需要预测其使用性能随时间的变化。

郑州市西城区、中心城区和东城区在自然条件、社会条件和交通条件等方面均存在差异,而市政窨井容易受土质、交通量和轴载的影响,为了能够更加合理地预测市政窨井的使用性能,需建立一个基于已有评价指标的窨井使用状况预测模型。

5.3.1 预测模型综合分析[60]

由于现阶段对窨井的研究相对较少,还没有建立针对窨井使用状况的预测模型。现阶段,用于预测的主要模型大致可分为四大类:①回归预测模型;②马尔科夫预测模型;③神经网络预测模型;④灰色预测模型。

5.3.1.1 回归预测模型

回归预测模型,是在分析自变量和因变量相关关系的基础上,建立变量之间的回归方程,并依据回归方程来建立预测模型,确定模型参数,根据自变量的数据变化来预测因变量。常用的回归预测模型有线性预测模型、二次型预测模型和指数型预测模型。在进行回归模型的选取时，应根据已有数据的变化规律，选择相适应的回归分析模型。

回归预测方法的步骤：

(1)根据预测目标，确定自变量和因变量。

明确预测的具体目标，也就确定了因变量。如预测具体目标是下一年度的销售量，那么销售量就是因变量。通过市场调查和查阅资料，寻找与预测目标的相关影响因素，即自变量，并从中选出主要的影响因素。

(2)建立回归预测模型。

依据自变量和因变量的历史统计资料进行计算，在此基础上建立回归分析方程，即回归分析预测模型。

(3)进行相关分析。

回归分析是对具有因果关系的影响因素(自变量)和预测对象(因变量)所进行的数理统计分析处理。只有当变量与因变量确实存在某种关系时，建立的回归方程才有意义。因此，作为自变量的因素与作为因变量的预测对象是否有关，相关程度如何，以及判断这种相关程度的把握性多大，就成为进行回归分析必须要解决的问题。进行相关分析，一般要求出相关关系，以相关系数的大小来判断自变量和因变量的相关的程度。

(4)检验回归预测模型，计算预测误差。

回归预测模型是否可用于实际预测，取决于对回归预测模型的检验和对预测误差的计算。回归方程只有通过各种检验，且预测误差较小，才能将回归方程作为预测模型进行预测。

(5)计算并确定预测值。

利用回归预测模型计算预测值，并对预测值进行综合分析，确定最后的预测值。

应用回归预测法时应首先确定变量之间是否存在相关关系。如果变量之间不存在相关关系，对这些变量应用回归预测法就会得出错误的结果。

回归预测模型的主要特点是计算简单，使用方便；主要缺点是要求选择的样本容量要足够大,否则将不能保证中值预报公式的有效性和精度。另外,回归分析法一般适用于短期或中期预测,长期预测可能会造成较大误差。

5.3.1.2　马尔科夫预测模型[61]

当一个系统(或过程)在某一具体的时刻 t_1 所处的状态为已知条件时,系统(或过程)在时刻 $t > t_1$ 所处状态的条件概率分布与时刻 t_1 之前的状态都无关,而只与 t_1 时刻有关。换句话说,就是在已知系统(或过程)"现在"状态的条件下,"将来"与"过去"是相互独立的,其"将来"状态不依靠"过去"的状态。通常把这种性质称为马尔科夫性或称为无后效性。

马尔科夫性用概率分布函数来描述,可以表述为这样的形式:设随机过程 $\{X(t), t \in T\}$ 的状态空间为 S,如果对于时间 t 的任意时刻,这里 $t_1 < t_2 < \cdots < t_n$, $n \geqslant 3$, $t_i \in T$,在条件 $X(t_i) = x_i$, $x_i \in S$, $i = 1,2,\cdots,n-1$ 的情况下, $X(t_n)$ 的条件概率分布函数如果恰好等于 $X(t_{n-1}) = x_{n-1}$ 时 $X(t_n)$ 的条件概率分布函数,即

$P\{X(t_n) \leqslant x_n | X(t_1) = x_1, X(t_2) = x_2, \cdots, X(t_{n-1}) = x_{n-1}\} = P\{X(t_n) \leqslant x_n | X(t_{n-1}) = x_{n-1}\} x_n \in \mathbf{R}$, 这时则称随机过程 $\{X(t), t \in T\}$ 具有马尔科夫性或称为具有无后效性,进一步称这个过程为马尔科夫过程。

设 $\{X(t), t \in T\}$ 为马尔科夫链,若对任意的整数 m , $n \in t$ $(n \geqslant 1)$ 和任意状态 $i, j \in I$,称

$$P_{ij}^{(n)} = P(X_{m+n} = j | X_m = i) \tag{5-8}$$

为马尔科夫链的 n 步转移概率,并称 $\boldsymbol{P}^{(n)} = [\boldsymbol{P}_{ij}^{(n)}]$ 为 n 步转移概率矩阵。

马尔科夫模型的核心内容是状态转移概率矩阵,它表示从一种状态转移到另一种状态的概率。

5.3.1.3　神经网络预测模型[62]

人工神经网络(Artificial Neural Network)是一种以人脑构造基本单元组成、模拟人脑神经网络的计算思维模型,它具有内部自组织、自学习能力,能不断地适应外部环境,模拟人类的思考和判断过程,有效

地处理各种模糊或随机的问题，特别是能有效地处理无法量化的因素对最终结果的影响。人工神经网络还具有良好的非线性品质，能够实现非线性映射，并且具有在任意精度内逼近非线性映射的能力，直接表示出输入与输出间的复杂关系，特别适合于那些环境信息复杂、背景知识不清的问题。

1. BP 反向传播神经网络的原理

人工神经网络是由大量神经元节点构成的系统，典型的人工神经元模型的表达式为

$$S_i = \sum_{j=0}^{n} w_{ij} \cdot x_i \quad (x_0 = \theta_i, w_{i_0} = -1) \tag{5-9}$$

$$Y_i = f(S_i) = \frac{1}{1 - e^{-S_i}} \tag{5-10}$$

式中　θ_i ——阈值；

w_{ij} ——连接权系数；

$Y_i = f(\cdot)$ ——变换函数。

人工神经网络模型具有多种结构，目前普遍采用的是 BP(Back Propagation Network)反向传播神经网络。一般来说，BP 反向传播网络由三层构成即输入层、隐含层和输出层构成(见图 5-3)。前一层的每一单元的输出都与后一层单元的输入相连接，层中的单元没有连接。

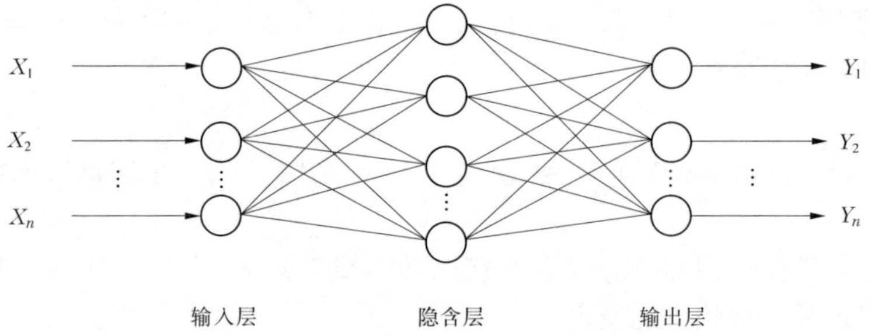

图 5-3　BP 反向传播网络结构

BP 反向传播网络处理单元的传递多采用 S 型函数(Sigmoid Function)，每个单元决定其输出的方法如式(5-11)，输出的权重和阈值由

传递函数决定,若采用 S 型函数,其表达式见式(5-12)。

$$I_i = \sum_{j=1}^{n} W_{ij} X_j \tag{5-11}$$

式中　W_{ij} ——权重;

X_j ——输入数值。

$$f(I_i) = \frac{1}{1 + e^{-I_i}} \tag{5-12}$$

对 S 型函数表达式(5-12)求导,得

$$\frac{df(I_i)}{dI_i} = f(I_i)[1 - f(I_i)] \tag{5-13}$$

BP 反向传播函数所采用的学习规则为广义的 Delta 规则,其权重的改变量

$$\Delta W_{ij} = \beta E[f(I_i)] \tag{5-14}$$

式中　E ——单元的误差;

β ——学习速度;

$f(I_i)$ ——单元的输入。

输出层单元的误差返回到中间层单元,同样也要考虑第一步计算时采用的权重,每个隐含层单元的净误差应是每个输出层单元得到的误差的权重和,其计算公式如下

$$E_f^{\text{output}} = u_i - \theta_j \tag{5-15}$$

$$E_i^{\text{middle}} = \frac{df(I_i^{\text{middle}})}{I_i^{\text{middle}}} \sum_{j=1}^{m} (W_{ij} E_j^{\text{output}}) \tag{5-16}$$

式中,上标 output 表示输出单元;middle 表示中间单元; u_i 为输出层 j 单元实际输出值; θ_j 为输出层的期望输出;单元 j 为输出层任一单元;单元 i 为中间层的任一单元; W_{ij} 表示从中间层 i 单元到输出层 j 单元间的连接权重。

反向传播网络涉及复杂的多维输入和输出空间,其误差面可能有一些局部的极值点。在网络训练时,往往因权重矢量被调节到局部的极值点,而不能达到实际的最小误差。在这种情况下,重新选择初始权重,重新训练网络,就可能摆脱局部最小误差,使权重矢量训练到真正

的最小误差点上。BP 反向传播网络是可指导学习的网络,必须给网络输入一组相应的输入和输出数据,使网络从已有的数据中学习。为了减少网络训练时间,可以采用一些措施,最常用的方法是权重调整时加入一偏置值(Bias)或称为动量项(Momentum)。在广义的 Delta 规则中加入一动量项,往往可以使网络在训练时摆脱局部极小值,权重的增量为

$$\Delta W_{ij}(t+1) = \beta E X_i + \alpha \Delta W_{ij}(t) \tag{5-17}$$

式中 β ——学习速率;

E ——单元的误差;

X_i ——沿此权重连续传来的输入值;

α ——动量常数,其增值在 0 ~ 1。

2. BP 神经网络的改进

在实际训练计算中,BP 算法收敛的速度较慢,而且随着训练样本的维数增加,网络的收敛性能会变差。为此用共轭梯度来解决此问题。共轭梯度方法首先在基于一阶梯度权值空间中建立一个方向矢量,然后决定基于二阶梯度的方向矢量及步长。利用方向传播算法计算梯度矢量后,方向矢量 d_k 更新为

$$d_k = -E'W(k) + \beta_{k-1} d_{k-1} \tag{5-18}$$

$$d_0 = E'W(0) \tag{5-19}$$

$$\beta_{k-1} = \frac{[E'W(k)]^{\mathrm{T}} E'W(k)}{[d_k(k)]^{\mathrm{T}} E''W(k-1)} \tag{5-20}$$

$$\eta_k = \frac{[E'W(k)]^{\mathrm{T}} E'W(k)}{[d_k(k)]^{\mathrm{T}} E''W(k) d_k(k)} \tag{5-21}$$

式中 W ——由所用权值组成的矢量;

$E'W$ ——梯度矢量;

$E''W$ ——Hessian 矩阵。

改进的权重矢量更新为

$$W_{k+1} = W_k + \eta_k d_k \tag{5-22}$$

由式(5-22)可知更新的矢量是两项矢量和,第一项是权值空间误差函数的梯度,它是在反向传播算法中所得到的;第二项来自反向传播

算法的动量项，η_k 项起到反向传播算法学习速率的作用，可用其确定步长大小，当误差曲面的斜率急剧变化时，倾向于选择较小的步长，反之，误差曲面的斜率变化不大时，增加步长。

5.3.1.4　灰色预测模型[63,64]

灰色系统理论中将信息完全明确的系统称为白色系统，信息未知的系统称为黑色系统，部分明确、部分不明确的系统称为灰色系统。灰色系统的研究对象是部分已知、部分未知的不确定性系统，它通过对部分已知信息的开发来实现对某个问题的确切认识。灰色理论相较于其他的不确定性方法，比如概率统计和模糊数学，优点在于能够充分利用已有的少量信息。

灰色系统预测是基于人们对系统演化不确定性的认识，运用序列算子对原始数据进行处理，挖掘系统演化规律，建立灰色系统模型，对系统的未来状况作出科学的预测。灰色预测主要分为数列预测、区间预测、灾变预测、波形预测和系统预测。本书采用灰色数列预测进行研究，GM(1,1)是较为常用的灰色预测模型。

1. 模型的建立

设有原始序列 $X^{(0)} = (x^{(0)}(1), x^{(0)}(2), \cdots, x^{(0)}(n))$，其中 $x^{(0)}(k) > 0(k = 1,2,\cdots,n)$。利用该序列建立GM(1,1)模型的步骤为：

(1)作原始数列 $X^{(0)}$ 的 $1-AGO$ 序列 $X^{(1)} = (x^{(1)}(1), x^{(1)}(2), \cdots, x^{(1)}(n))$，其中 $x^{(1)}(k) = \sum_{i=1}^{k} x^{(0)}(i) \quad (k = 1,2,\cdots,n)$。

(2)检验 $X^{(0)}$ 是否具有准光滑性，并检验 $X^{(1)}$ 是否具有准指数规律。若 $\rho(k) = \dfrac{x^{(0)}(k)}{x^{(1)}(k-1)} < 0.5$ 且 $\dfrac{\rho(k+1)}{\rho(k)} < 1 \quad (k = 2,3,\cdots,n)$，则满足准光滑性条件；对于式 $\sigma^{(1)}(k) = \dfrac{x^{(1)}(k)}{x^{(1)}(k-1)}$，若 $\sigma(k) \in [a, b]$，$b - a < 0.5$，则称 $X^{(1)}$ 具有准指数规律。

(3)作 $X^{(1)}$ 的紧邻均值序列得到 $Z^{(1)} = (z^{(1)}(2), z^{(1)}(3), \cdots, z^{(1)}(n))$，其中，$z^{(1)}(k) = 0.5x^{(1)}(k) + 0.5x^{(1)}(k-1)(k = 2,3,\cdots,$

n)。GM(1,1)模型的基本形式为 $x^{(0)}(k)+az^{(1)}(k)=b$。构造矩阵 $\boldsymbol{B}$ 和向量 $\boldsymbol{Y}$ 如下

$$\boldsymbol{B}=\begin{bmatrix}-z^{(1)}(2) & -z^{(1)}(3) & \cdots & -z^{(1)}(n)\\ 1 & 1 & \cdots & 1\end{bmatrix}^{\mathrm{T}},$$

$$\boldsymbol{Y}=[x^{(0)}(2)\quad x^{(0)}(3)\quad \cdots\quad x^{(0)}(n)]^{\mathrm{T}}$$

设 $\boldsymbol{A}=[a,b]^{\mathrm{T}}$，由最小二乘法得到

$$\boldsymbol{A}=(\boldsymbol{B}^{\mathrm{T}}\boldsymbol{B})^{-1}\boldsymbol{B}^{\mathrm{T}}\boldsymbol{Y} \tag{5-23}$$

其中，a 为发展系数；b 为灰色作用量。

(4)进行 GM(1,1)模型的适用性检验。GM(1,1)模型的适用性取决于发展系数 $|-a|$ 的取值，表 5-11 表示了不同的发展系数范围下 GM(1,1)模型。

表 5-11　GM(1,1)模型的适用性与发展系数的关系

$\|-a\|\leqslant 0.3$	可用于中长期预测
$0.3<\|-a\|\leqslant 0.5$	可用于短期预测，中长期预测慎用
$0.5<\|-a\|\leqslant 0.8$	短期预测慎用
$0.8<\|-a\|\leqslant 1$	应用残差修正 GM(1,1)模型
$1<\|-a\|<2$	不宜采用 GM(1,1)模型
$\|-a\|\geqslant 2$	GM(1,1)模型无意义

(5)确定 GM(1,1)模型的白化方程、时间相应序列及其还原值。白化方程形式为 $\frac{\mathrm{d}x^{(1)}}{\mathrm{d}t}+ax^{(1)}=b$，时间相应序列及还原值如下

$$\hat{x}^{(1)}(k+1)=\left(x^{(0)}(1)-\frac{b}{a}\right)\mathrm{e}^{-ak}+\frac{b}{a}\quad k=1,2,\cdots,n \tag{5-24}$$

$$\hat{x}^{(0)}(k+1)=\hat{x}^{(1)}(k+1)-\hat{x}^{(1)}(k)\quad k=1,2,\cdots,n \tag{5-25}$$

2. 模型的精度检验

上面建立的模型必须要通过精度检验才可以用作预测模型，精度检验分为残差检验、关联度检验、后验差检验，有平均相对误差 $\bar{\Delta}$、关联度 ε、均方差比值 C 和小误差概率 p 4 个指标。

(1)残差检验。

计算原始数据序列 $X^{(0)}$ 与预测数据序列 $\hat{X}^{(0)}$ 的残差序列 $\varepsilon^{(0)}$ 、相对误差序列 Δ 和平均相对误差 $\bar{\Delta}$:

$$\varepsilon^{(0)} = \{\varepsilon^{(0)}(i)\}, \varepsilon^{(0)}(i) = x^{(0)}(i) - \hat{x}^{(0)}(i) \quad i = 1,2,\cdots,n \tag{5-26}$$

$$\Delta = \{\Delta_i\}, \Delta_i = \left|\frac{\varepsilon^{(0)}(i)}{x^{(0)}(i)}\right| \quad i = 1,2,\cdots,n \tag{5-27}$$

$$\bar{\Delta} = \frac{1}{n}\sum_{i=1}^{n}\Delta_i \quad i = 1,2,\cdots,n \tag{5-28}$$

(2)关联度检验。

计算原始数据序列 $X^{(0)}$ 与预测数据序列 $\hat{X}^{(0)}$ 的灰色绝对关联度:

$$\varepsilon = \frac{1 + |s| + |\hat{s}|}{1 + |s| + |\hat{s}| + |s - \hat{s}|} \tag{5-29}$$

其中, $|s| = \left|\sum_{k=2}^{n-1}[x^{(0)}(k) - x^{(0)}(1)] + 0.5[x^{(0)}(n) - x^{(0)}(1)]\right|$

$$|\hat{s}| = \left|\sum_{k=2}^{n-1}[\hat{x}^{(0)}(k) - \hat{x}^{(0)}(1)] + 0.5[\hat{x}^{(0)}(n) - \hat{x}^{(0)}(1)]\right|$$

$$|s - \hat{s}| = \left|\sum_{k=2}^{n-1}[x^{(0)}(k) - x^{(0)}(1) - (\hat{x}^{(0)}(k) - \hat{x}^{(0)}(1))] + 0.5[x^{(0)}(n) - x^{(0)}(1) - (\hat{x}^{(0)}(n) - \hat{x}^{(0)}(1))]\right|$$

(3)后验差检验。

后验差检验包括均方差比值 C 和小误差概率 p 两个指标,均方差比值是指残差序列的均方差 S_2 与原始数据序列的均方差 S_1 之比,即 $C = S_2/S_1$ 。

$$S_1^2 = \frac{1}{n}\sum_{k=1}^{n}[x^{(0)}(k) - \bar{x}^{(0)}]^2 \quad S_2^2 = \frac{1}{n}\sum_{k=1}^{n}[\varepsilon^{(0)}(k) - \bar{\varepsilon}^{(0)}]^2 \tag{5-30}$$

其中, $\bar{x}^{(0)} = \frac{1}{n}\sum_{k=1}^{n}x^{(0)}(k)$, $\bar{\varepsilon}^{(0)} = \frac{1}{n}\sum_{k=1}^{n}\varepsilon^{(0)}(k)$ 。

小误差概率 p 的计算方法为

$$p = P(|\varepsilon^{(0)}(k) - \bar{\varepsilon}^{(0)}| < 0.6745S_1) \tag{5-31}$$

以上 4 个指标,平均相对误差 $\bar{\Delta}$ 和均方差比值 C 越小说明模型精度越高,而关联度 ε 和小误差概率 p 越大说明模型精度越高。这 4 个指标的精度等级如表 5-12 所示。

表 5-12 GM(1,1)模型精度指标等级划分表

精度等级	精度指标			
	平均相对误差 $\bar{\Delta}$	关联度 ε	均方差比值 C	小误差概率 p
一级	<0.01	>0.90	<0.35	>0.95
二级	0.01~0.05	0.80~0.90	0.35~0.50	0.80~0.95
三级	0.05~0.10	0.70~0.80	0.50~0.65	0.70~0.80
四级	0.10~0.20	0.60~0.70	0.65~0.80	0.60~0.70

建立的 GM(1,1)模型经过上述精度检验,精度等级在二级以上才可以用作预测模型,否则,需要进行残差修正。

5.3.2 基于马尔科夫预测模型和灰色预测模型的窨井使用状况预测

5.3.2.1 基于马尔科夫预测模型的窨井使用状况预测

1. 限定预测范围

确定预测对象即选取预测指标,窨井使用性能可采用多个不同的指标,分别从分项和综合的角度予以刻化,因此应根据不同的条件及目的,选取某项作为预测目标。具体而言,可以是综合窨井性能指数如市政窨井综合完好率,还可以是构成窨井性能指标的某一个元素,如井周路面完好率、窨井盖框完好程度评分和窨井井体完好程度评分等。

2. 转移概率的确定

以年为时间刻度,将预测基准年作为马尔科夫概率预测的初始时刻,分别计算各项评价指标在基准年的属性测度值,将其作为窨井使用性能状态分布值。即

$$\boldsymbol{P}_1 = (p_1', p_2', \cdots, p_n') = \boldsymbol{P}_0 \times \boldsymbol{P} = (p_1, p_2, \cdots, p_n) \times \begin{pmatrix} p_{11} & p_{12} & \cdots & p_{1n} \\ p_{21} & p_{22} & \cdots & p_{2n} \\ \vdots & \vdots & p_{ij} & \vdots \\ p_{n1} & p_{n2} & \cdots & p_{nn} \end{pmatrix} \tag{5-32}$$

现已知系统基准年和基准年后一年的状态分布分别为（$p_1, p_2, \cdots, p_n$）和（$p'_1, p'_2, \cdots, p'_n$），求转移概率矩阵 $\boldsymbol{P}$。对于市政窨井使用性能的预测，考虑到可解性和减少计算工作量的需要，特作以下几个假设：

(1)在现有窨井日常养护和小修保养的条件下，其使用性能不会从低级水平向高级水平转移，即当 $i > j$ 时，$p_{ij} = 0$。

(2)假设市政窨井在一年时间内，其等级一般不会下降太快，因此可以近似认为窨井使用性能的转移仅涉及两个等级，即当 $i - j > 2$ 时，$p_{ij} = 0$。

因此，文中确定的窨井使用性能转移概率矩阵的简化形式如下

$$\boldsymbol{P} = [p_{ij}]_{4\times4} = \begin{bmatrix} p_{11} & p_{12} & 0 & 0 \\ 0 & p_{22} & p_{23} & 0 \\ 0 & 0 & p_{33} & p_{34} \\ 0 & 0 & 0 & 1 \end{bmatrix} \tag{5-33}$$

(3)马尔科夫预测模型在窨井使用情况预测中的应用。

以某一窨井为例，对窨井盖框完好程度评分进行预测。

收集的该窨井从 2008 ~ 2012 年的窨井盖框完好程度评分如表 5-13所示。

表 5-13　窨井盖框完好程度评分

年份	2008	2009	2010	2011	2012
评价指标	95	91	88	85	82

以 2010 年为基准年，根据市政窨井使用性能模糊评价可知，$\boldsymbol{P}_0 = (0.87, 1, 0.13, 0)$，$\boldsymbol{P}_1 = \boldsymbol{P}_{2011} = (0.67, 1, 0.33, 0)$，由此可根据式(5-32)，求得窨井盖框完好程度指标转移矩阵 $\boldsymbol{P}$。

$$P = [p_{ij}]_{4\times4} = \begin{bmatrix} 0.77 & 0.23 & 0 & 0 \\ 0 & 0.8 & 0.2 & 0 \\ 0 & 0 & 1 & 0 \\ 0 & 0 & 0 & 1 \end{bmatrix}$$

根据 $\boldsymbol{P}_1 = \boldsymbol{P}_{2011} = (0.67, 1, 0.33, 0)$ 和 $\boldsymbol{P}$ 即可预测该窨井 2012 年的窨井盖框完好程度评分 $\boldsymbol{P}_{2012} = (0.52, 0.95, 0.53, 0)$，马尔科夫预测结果及精度检验见表 5-14。

表 5-14　马尔科夫预测结果及精度检验

年份	实际值			预测值	绝对误差	相对误差	MAE
2012	82	优	0.47	0.52	0.05	0.106	0.025
		良	1	0.95	0.05	0.050	
		合格	0.53	0.53	0		
		不合格	0	0	0		

平均绝对误差 $MAE = 0.025$，由此可见马尔科夫预测模型预测效果较好。

5.3.2.2　基于灰色预测模型的窨井使用状况预测

(1) 根据表 5-13 所给资料构建原始序列 $X^{(0)} = (95, 91, 88, 85)$，并作出其 $1-AGO$ 序列 $X^{(1)} = (95, 186, 274, 359)$。

(2) 检验 $X^{(0)}$ 的准光滑性及 $X^{(1)}$ 是否具有准指数规律。由 $\rho(k) = \dfrac{x^{(0)}(k)}{x^{(1)}(k-1)}$，$\rho(2) \approx 0.96, \rho(3) \approx 0.47 < 0.5, \rho(4) \approx 0.31 < 0.5$ 且 $\dfrac{\rho(3)}{\rho(2)}$ 与 $\dfrac{\rho(4)}{\rho(3)}$ 均小于 1，故 $k > 3$ 时，$X^{(0)}$ 具有准光滑性；由 $\sigma^{(1)}(k) = \dfrac{x^{(1)}(k)}{x^{(1)}(k-1)}$ 得，$\sigma^{(1)}(2) \approx 1.96$，$\sigma^{(1)}(3) \approx 1.47$，$\sigma^{(1)}(4) \approx 1.31$，$\sigma^{(1)}(3), \sigma^{(1)}(4) \in [1.0, 1.5]$ 且 $\sigma^{(1)}(3) - \sigma^{(1)}(4) = 0.16 < 0.5$，故 $X^{(1)}$ 具有准指数规律。

(3) 由 $z^{(1)}(k) = 0.5x^{(1)}(k) + 0.5x^{(1)}(k-1)$ 得到 $X^{(1)}$ 的紧邻均值序列

$$Z^{(1)} = (140.5, 230, 316.5)$$

进而得到

$$B = \begin{bmatrix} -140.5 & 1 \\ -230 & 1 \\ -316.5 & 1 \end{bmatrix} \quad Y = \begin{bmatrix} 91 \\ 88 \\ 85 \end{bmatrix}$$

则 $A = [a,b]^{\mathrm{T}} = (B^{\mathrm{T}}B)^{-1}B^{\mathrm{T}}Y = \begin{bmatrix} 0.034 \\ 95.806 \end{bmatrix}$

(4)由于 $|-a| = 0.034 < 0.3$,故模型可用于中长期预测。

(5)模型的白化方程为 $\frac{\mathrm{d}x^{(1)}}{\mathrm{d}t} + 0.034x^{(1)} = 95.806$,时间响应序列为

$$\hat{x}^{(1)}(k+1) = -2\,722.824\mathrm{e}^{-0.034k} + 2\,817.824$$

再由

$$\hat{x}^{(0)}(k+1) = \hat{x}^{(1)}(k+1) - \hat{x}^{(1)}(k)$$

得到还原值

$$\hat{X}^{(0)} = (95, 91, 87.977, 85.036)$$

(6)对 $\hat{X}^{(0)}$ 进行误差检验。残差及相对误差如表 5-15 所示。

表 5-15　残差及相对误差表

序列号	原始数据 $x^{(0)}(i)$	拟合数据 $\hat{x}^{(0)}(i)$	残差 $\varepsilon^{(0)}(i)$	相对误差 Δ_i
1	95	95	0	0
2	91	91	0	0
3	88	87.977	0.023	0.000 26
4	85	85.036	−0.036	0.000 42

平均相对误差 $\bar{\Delta} = \frac{1}{4}\sum_{i=1}^{4}\Delta_i = 0.000\,68 < 0.01$,最大模拟误差 $\Delta_4 = 0.000\,42 < 0.01$,平均相对误差精度为一级。

计算原始数据序列 $X^{(0)}$ 与预测数据序列 $\hat{X}^{(0)}$ 的灰色绝对关联度

$$|s| = \left| \sum_{k=2}^{3} [x^{(0)}(k) - x^{(0)}(1)] + 0.5[x^{(0)}(5) - x^{(0)}(1)] \right| = 16$$

$$|\hat{s}| = \left| \sum_{k=2}^{3} [\hat{x}^{(0)}(k) - \hat{x}^{(0)}(1)] + 0.5[\hat{x}^{(0)}(4) - \hat{x}^{(0)}(1)] \right| = 16.005$$

$$|s - \hat{s}| = \left| \sum_{k=2}^{3} [x^{(0)}(k) - x^{(0)}(1) - (\hat{x}^{(0)}(k) - \hat{x}^{(0)}(1))] + 0.5[x^{(0)}(4) - x^{(0)}(1) - (\hat{x}^{(0)}(4) - \hat{x}^{(0)}(1))] \right| = 0.005$$

则 $\varepsilon = \dfrac{1 + |s| + |\hat{s}|}{1 + |s| + |\hat{s}| + |s - \hat{s}|} = 0.9998 > 0.90$，故灰色绝对关联度精度为一级。

计算均方差比值 C

$$\bar{x}^{(0)} = \frac{1}{4}\sum_{k=1}^{4} x^{(0)}(k) = 89.75, \bar{\varepsilon}^{(0)} = \frac{1}{4}\sum_{k=1}^{4} \varepsilon^{(0)}(k) = -0.0033$$

$$S_1^2 = \frac{1}{4}\sum_{k=1}^{4} [x^{(0)}(k) - \bar{x}^{(0)}]^2 = 13.6875, S_1 = 3.6997$$

$$S_2^2 = \frac{1}{4}\sum_{k=1}^{4} [\varepsilon^{(0)}(k) - \bar{\varepsilon}^{(0)}]^2 = 0.0004425, S_2 = 0.021$$

故 $C = S_2/S_1 = 0.0057 < 0.35$，均方差比值精度为一级。

计算小误差概率 p：

$$0.6745S_1 = 2.4954, |\varepsilon^{(0)}(1) - \bar{\varepsilon}^{(0)}| = 0.0033, |\varepsilon^{(0)}(2) - \bar{\varepsilon}^{(0)}| = 0.0033$$

$$|\varepsilon^{(0)}(3) - \bar{\varepsilon}^{(0)}| = 0.0263, |\varepsilon^{(0)}(4) - \bar{\varepsilon}^{(0)}| = 0.0327$$

故 $P(|\varepsilon^{(0)}(k) - \bar{\varepsilon}^{(0)}| < 0.6745S_1) = 1 > 0.95$，小误差概率精度为一级。

综上所述，所有精度条件都符合要求，因而可用

$$\begin{cases} \hat{x}^{(1)}(k+1) = -2722.824e^{-0.034k} + 2817.824 \\ \hat{x}^{(0)}(k+1) = \hat{x}^{(1)}(k+1) - \hat{x}^{(1)}(k) \end{cases}$$

进行窨井使用性能预测。由此得到 2012 年的窨井盖框完好程度评分预测值如下

$$\hat{x}^{(0)}(5) = 82.194$$

原始数据与预测数据对比见表5-16。

表5-16　原始数据与预测数据对比

年份	2008	2009	2010	2011	2012
原始数据	95	91	88	85	82
预测数据	95	91	87.977	85.036	82.194
残差	0	0	0.023	-0.036	-0.194

5.4　本章小结

本章构建了市政窨井使用状况评价指标体系，详细讨论了各评价指标的调查和取值计算方法、评定等级划分标准等，并用层次分析法确定了各评价因素的权值，在此基础上，建立了基于模糊数学理论的市政窨井技术状况综合评价模型，以及基于马尔科夫随机过程理论和基于灰色系统理论的市政窨井技术状况预测模型，为市政窨井的养护维修提供了技术支持。

第 6 章　结论与展望

6.1　结　论

本书针对市政窨井病害问题,分别从市政窨井的设计、施工和后期养护维修等方面进行了系统研究,并取得以下主要研究成果:

(1)在充分调研的基础上,系统归纳分析了市政窨井普遍存在的主要病害,即窨井盖框下沉或突起、窨井周边路面沉降与碎裂、窨井盖框区域破碎、窨井盖倾斜、窨井盖破裂、窨井盖异响、井周路面破裂、井周修复面与路面产生较大裂缝和窨井井筒病害等,并分别从设计和施工等方面剖析了可能导致窨井病害的原因。

(2)根据土力学、结构力学、弹性力学等理论方法对窨井盖、窨井井体以及窨井混凝土底板的受力进行了详细的分析和计算,得到了窨井盖、井体和底板在车辆荷载作用下的受力和变形规律,为窨井各构件合理设计奠定了理论基础。

(3)分析了当前窨井设计中存在的问题,并考虑到车辆荷载、窨井材料性能和几何尺寸、回填土性能等对窨井受力性能影响等不确定性,提出了基于可靠度理论的市政窨井设计方法,分别建立了井盖、井体和底板的极限状态方程,实现了对窨井各组成单元的可靠度设计。同时,根据窨井使用功能要求,介绍了郑州市市政窨井维护中推广采用的防沉降井盖构造设计,该井盖构造设计在防滑、防盗和防沉降等方面体现出了优越的性能。

(4)在广泛调研的基础上,对窨井施工工艺进行了优化研究,指出了施工过程中的关键施工质量控制点,比如高程、回填土压实度等;为了更好地控制施工质量,建立了基于工序能力的市政窨井施工质量动态控制模型,并在窨井回填土施工质量控制中进行了应用,取得了良好效果。

(5)构建了市政窨井使用状况评价指标体系,详细讨论了各评价指标的调查和取值计算方法、评定等级划分标准等,并用层次分析法确定了各评价因素的权值,在此基础上,提出了基于模糊数学理论的市政窨井技术状况综合评价模型,以及基于马尔科夫随机过程理论和灰色系统理论的市政窨井技术状况预测模型,为市政窨井的养护维修提供了技术支持。

(6)针对不同的窨井病害提出了相应的养护维修措施,并在实际工程中进行了应用。

6.2 展　望

市政窨井作为城市道路的附属设施,对于道路功能的发挥和城市生命线工程的正常运行起着重要作用。因此,对窨井设施的研究应进一步加强,建议:

(1)尽快制定一套关于窨井设计、施工和养护维修的技术规程或规范。

(2)由于窨井盖框与路面非同种材料,因此窨井盖框与路面连接处的开裂问题需做详细研究。

(3)窨井周边沉降与碎裂问题的关键除井周回填土的压实度控制外,还需选择合适的回填材料,不同地区应因地制宜,进行不同材料的井周回填试验,从而找到适合本地区的回填材料。

(4)由于窨井施工的特殊性,应进一步加强对窨井施工和维护设备的开发研究。

参 考 文 献

[1] 王卫星,秦建华. 城市道路窨井现状和面临的问题[J]. 浙江水利水电专科学校学报,2008.

[2] 刘深华. 基于振动理论分析城市道路检查井纵向位移研究[D]. 杭州:浙江大学,2007.

[3] Salah El Haggar, Lama Ei Hatow. Reinforcement of thermoplastic rejects in the production of manhole covers[J]. Journal of Cleaner Production,2009(17).

[4] Bowman. Adjustable manhole cover support[J]. United States Patent,1973.

[5] Christian Falk. Rehabilitation of manhole covers[J]. Trechless Technol,1999.

[6] 王晓江,王光明,萧岩. 检查井病害对道路平整度的影响及其对策[J]. 特种结构,2007.

[7] 张强,王传峰,张汉中. 道路窨井差异沉降计算分析[J]. 城市道桥与防洪,2007(9).

[8] 潘永清,饶勤波,张仪萍. 城市道路检查井结构破坏原因分析[J]. 交通标准化,2011.

[9] 白彦峰. 道路窨井差异沉降调研及有限元计算分析[J]. 低温建筑技术,2011(11).

[10] 郭凯. 组装式预制混凝土检查井试验研究及优化分析[D]. 天津:天津大学,2006.

[11] 李少成. 检查井与城市道路路面顺接施工技术研究[D]. 济南:山东大学,2008.

[12] 曹磊. 交通荷载作用下软土地基中检查井的沉降性状研究[D]. 杭州:浙江大学,2008.

[13] 张静毅. 大连市城市道路检查井变形机理与对策研究[D]. 大连:大连海事大学,2010.

[14] 饶勤波. 交通荷载下检查井受力变形研究[D]. 杭州:浙江大学,2010.

[15] 杜健. 交通荷载作用下检查井沉降的理论及其数值模拟与试验研究[D]. 杭州:浙江大学,2010.

[16] 汪之龙. 城市道路检查井细部施工质量管理研究[J]. 安徽科技学院学报, 2009,4(23).
[17] 中华人民共和国建设部. CJ/T 3012—1993 铸铁检查井盖[S]. 北京:中国标准出版社,2008.
[18] 中华人民共和国经济贸易委员会. JC 889—2001 钢纤维混凝土井盖的国家标准[S]. 北京:中国标准出版社,2002.
[19] The European Standard EN 124:1994 has the status of a British Standard,2003. 12.
[20] 徐金欣,陈巧志,王妍. 城市道路检查井病害成因及其防治[J]. 大观周刊, 2011.
[21] 张树坤. 城市道路检查井病害的防治浅析[J]. 科技向导,2010,4.
[22] 康世芬,李万香. 浅谈检查井施工工艺及通病防治[J]. 工程技术,2011,11.
[23] 陈康. 城市道路窨井沉陷病害成因分析及整治[J]. 工会博览,2011,5.
[24] 郝红林. 城市道路检查井病害分析[J]. 城市规划. 2010,61.
[25] 北京市市政设计研究院. 02S515 排水检查井[S]. 北京:中国计划出版社, 2002.
[26] 中国建筑标准设计研究院,S501 -1 井盖及踏步[S]. 北京:中国标准建筑设计研究院,2002.
[27] 中华人民共和国质量监督检验检疫总局. GB/T 1348—2009 球墨铸铁件[S]. 北京:中国标准出版社,2009.
[28] 严盛平,钟卫平,杨静. 材料力学[M]. 北京:科学出版社, 2012.
[29] 张雷顺,王俊林,等. 弹性力学及有限单元法[M]. 郑州:黄河水利出版社, 2005.
[30] 原方,梁斌,乐金朝. 弹塑性力学[M]. 郑州:黄河水利出版社,2006.
[31] J. H. Weiner. Statistical Mechanics of Elasticity[M]. Dover Publications Inc.
[32] Amenzade Yu A. Theory of elasticity[J]. Translated from Russian by konyaeva M. Moscow:Mir Publishers,1929.
[33] 中华人民共和国交通部. JTG D60—2004 公路桥涵设计通用规范[S]. 北京:人民交通出版社,2004.
[34] 曾焕金. 钢纤维混凝土圆平窨井盖板设计计算方法研究[J]. 混凝土与水泥制品,2000.
[35] 徐红星,孙锁泰,骆英. 圆平窨井盖的强度、刚度分析计算[J]. 工程力学, 2000(A03):728-732.

[36] 国振喜，张树义. 实用建筑结构静力计算手册[M]. 北京：机械工业出版社，2010.

[37] 曹生龙. 预制混凝土检查井应力计算[J]. 混凝土与水泥制品，2005，5.

[38] 王新岐，杨晓蓉. 软土地区混凝土检查井壁厚计算法[J]. 城市道桥与防洪，2008，9.

[39] 曹生龙. 检查井盖板结构计算方法[J]. 混凝土与水泥制品，2011，11.

[40] 曹生龙. 检查井圆形底板结构计算方法[J]. 混凝土与水泥制品，2012，9.

[41] 中华人民共和国建设部. GB 50069—2002 给水排水工程构筑物结构设计规范[S]. 北京：中国建筑工业出版社，2003.

[42]《给水排水工程结构设计手册》编委会. 给水排水工程结构设计手册[M]. 北京：中国建筑工业出版社，2007.

[43] 李清富，高建磊，乐金朝，等. 工程结构可靠性原理[M]. 郑州：黄河水利出版社，1995.

[44] 赵国藩. 工程结构可靠性理论与应用[M]. 大连：大连理工大学出版社，1996.

[45] Antanas Kudzys. Probability estimation of reliability of reinforced concrete structures[J]. Vilnius Technical University，1992.

[46] 郑州市碧云路污水、雨水、道路工程（环翠路—佛岗东路）施工组织设计[R]. 河南省城市规划设计研究总院有限公司，2012.

[47] 郑州高新技术产业开发区水仙路道路、污水、雨水工程（药厂街—化工路）施工组织设计[R]. 郑州市规划勘测设计研究院，2009.

[48] 陈仲颐，周景星，王洪瑾. 土力学[M]. 北京：清华大学出版社，1994.

[49] 弓秦生，温永滨，等. 排水检查井口处路面开裂与下沉问题分析与对策[J]. 给水排水，2008，34.

[50] Reem Sabouni. Experimental investigation and numerical modeling of circular precast concrete manhole. School of Graduate and Postdoctoral Studies the University of Western Ontario London，Ontario，Canada. 2008

[51] 中华人民共和国住房和城乡建设部. CJJ 1—2008 城镇道路工程施工与质量验收规范[S]. 北京：中国建筑工业出版社，2008.

[52] 王巍. 高速铁路工程质量管理与控制研究[D]. 长沙：中南大学，2010.

[53] 陈武平. 高速公路路面施工项目控制管理[D]. 成都：西南财经大学，2007.

[54] 中华人民共和国建设部. CJJ 36—2006 城镇道路养护技术规范[S]. 北京：中国建筑工业出版社，2006.

[55] Saaty T L. Multicriteria Decision Making：The Analytic Hierarchy Process Rsw.

Publication, Pittsburgm, PA. 1988.
[56] 双同科,田佳林,等.一种基于改进 AHP 的指标权重确定方法[J]. 中国西部科技,2011,10(32).
[57] 温胜强.基于组合预测与模糊优化的高速公路路面养护决策研究[D].大连:大连理工大学,2009.
[58] Rommelfanger H, Hanuscheck R, Wolf J. Linear programming with fuzzy objectives [J]. Fuzzy Sets and Systems, 1989.
[59] Tong S C. Interval number and fuzzy number linear programming[J]. Fuzzy Sets and Systems, 1994.
[60] 胡群芳.公路路面结构性能评价与预测研究[D].郑州:郑州大学,2003.
[61] 沙聚桢.马氏决策规划及其在管理中的应用[M].北京:国防工业出版社,1994.
[62] 朱大奇,史慧.人工神经网络原理及应用[M].北京:科学出版社,2006.
[63] 邓聚龙. 灰色预测与决策[M].武汉:华中理工大学出版社,1986.
[64] 邓聚龙.灰色系统基本方法[M].武汉:华中科技大学出版社,2005.